自然の諸原理について

自然の諸原理について

—— 兄弟シルヴェストゥルに ——

トマス・アクィナス 著
長倉久子／松村良祐 訳註

知泉書館

凡　　例

1．本書は翻訳と註と解説の三部分から成る。なお巻末には，翻訳への簡単な索引を添えた。
2．翻訳の底本は Leo 版（Opera omnia iussu Leonis, XIII PM, edita, t. 43, Rome : Commissio Leonina, 1976）を使用した。その際，章節の区切りは底本である Leo 版に拠った。
3．本書の註は以下の四つに分けられる。すなわち，
　　（1）Leo 版とその他の版（Pauson 版と Marietti 版）との校異
　　（2）トマスの他の著作との関連箇所
　　（3）アリストテレスやアヴェロエスを初めとする他の思想家との関連箇所
　　（4）訳者註
　である。(1) はラテン語原文の頁の脚注に，(2) は翻訳の頁の脚注に配置した。(3) (4) はそれぞれ巻末に配置した。
4．(2) (3) の関連箇所を作成するに当たり，その多くのものを Leo 版やその他の版から借り受けた。その際，借り受けたものに関しては，例えば［Leo 版 p. 40］，［Pauson 版 p. 50］などと記載した。また，書式は各版のものを採用した。
5．(2) の註に関して，トマスの著作の後に例えば（Marietti 950）と記した番号は Marietti 版の節番号である。その際，邦訳がある著作に関しては，可能な限り，その頁数を示した。
6．(3) の註に関して，アリストテレスの出典を示す場合は Bekker 版に拠った（頁数・ab 欄の区別・行数）。邦訳がある著作に関しては，可能な限り，その頁数を示した。
7．註と解説における出典や参考文献については，巻末の文献一覧を参照のこと。なお註内に記したものもある。
8．索引は翻訳部分に限った。なおラテン語の綴りに関して Leo 版の綴りではなく，一般に用いられるものに直して提示したものも多い。

解　説

1．作品の内容と構成[1]

　本書は，トマス・アクィナスの『自然の諸原理について』（De principiis naturae）の全訳である。

　この作品は，これとほぼ同時期に著されたとされる『有と本質について』（De ente et essentia）の影に隠れて，研究者の間でもこれまで余り注目されることがなかった。我が国においても，この作品に関する研究は数えるほどしかないのが現状である[2]。しかし，そのことは，決してこの作品の価値を貶めるものではない。むしろ，この作品の成立年代が『有と本質について』に極めて近いことからしても，この作品は『有と本質について』の中で展開されるトマスの形而上学的思想を解明する上でも決して見過ごすことができない重要な作品であると言える。

　この作品の中で，トマスは，アリストテレスの『自然学』第１－２巻と『形而上学』第５巻に基づいて自然の成り立ちを説明すると共に，先達の哲学者らの説をよく整理し，見事にそして明晰判明にまとめている。そこで論じられるのは所謂「四原因説」であるが，その際，トマスは自然の成り立ちを論じるのに必要だと思われる諸概念の説明を丹念に行っている。我々がそこに見出すのは，可能態や現実態，あること（esse），アナロギアといった用語であるが，それは彼の生涯に亙ってその思想の中核となる重要な概念である[3]。

　　1）　本作品の内容に関する，また『有と本質について』との関係を取り扱った詳細かつ明瞭な研究として，［長倉2004］；［長倉2005］；［長倉2006］がある。
　　2）　この作品に関するこれまでの近代語訳や研究文献については，巻末の一覧を参照。この作品は，その初期の研究において，主に第６章のアナロギアの問題に焦点が当てられていた。
　　3）　パスナウはこの作品の中でトマスが四原因に関する体系的な説明を行っていることに注目している。彼によれば，トマスが四原因についての集中的な記述を残しているテクストはそう多くないようである。［Pasnau］pp. 22–23, 47–48. また，この著作の中で詳細に論じられているところの可能態や現実態，或いは実体や付帯性といった概念は，トマスの哲学的な著作から聖書註解に至るまで広範囲に用いられる概念である。トマスがこうした諸概念に関して丹念に説明することは少ないものの，この著作以外にも，定期討論集『能力論』やアリストテレス

ところで，この作品の中でトマスが説明に用いる例はそのほとんどがアリストテレスに由来するものであるが，しかし，そこにはアリストテレスに寄り添いつつも，彼を超えて新たな地平を切り拓こうとするトマス独自の眼差しが見受けられる。そのことは，トマスが自然的世界に起こる事象を解き明かそうとするにあたって，彼独自の「あること」(esse) をその出発点としていることからも窺い知ることができるが，とりわけ第5章と第6章において明瞭である。すなわち，トマスは，この作品の第1章から第4章までの議論を通じて，質料因・形相因・作出因・目的因という四つの原因を挙げ，これをもとにこの世界に起こる生成や消滅といった事象を説明する。そして，続く第5章において，トマスは，原因をより先なる原因とより後なる原因とに分けた後で，我々の探求はより先なる原因を求めて「第一原因」(causa prima) にまで遡らなければならない，と言う。それは，我々にとって身近なより近い原因から始めてより遠い原因へと向かうことに他ならない。このように，トマスは，アリストテレスの経験主義的な方法を採りつつも，探求をこの世界の現実性 (actu esse) の究極的な原因（第一原因）にまで及ぼすことを企図しているのである[4]。とはいえ，この第一原因とは，いま現にある自然を超えつつも，この自然を根底から支え現にあるものとする，言わば自然的世界の外に位置する原因である。それゆえ，我々の通常の言葉ではそれを語ることができない。そこで，トマスは続く第6章において，言葉とその述語としての使用を問題にし，同名同義的使用・同名異義的使用・アナロギア的使用という三つの使用形式を挙げるのである。その際，トマスが注目するのはアナロギア的な言葉の使用法である。勿論，トマスはこの著作の中でアナロギア的な言葉の使用を直ちに第一原因と自然的事物の間に当てはめてはいない。しかし，トマスは，存在論的地平の異なるもの同士の関係を述語するアナロギア的な言葉の使用を分析することを通じて，第一原因について語る地平をこの最終章において準備しているのである。

このように，トマスがこの作品の中で探求しているのは，この現にある (actu esse) 世界に働きかける究極的な原因の存在である。それはアリストテレス的な動因 (causa movens) ではなく，事物を現実にあるものとする「作出因」(causa efficiens) である[5]。そして，この〈現にある〉(actu esse) ことに対する究極的な原

についての各註解において，我々はその一端を目にすることが可能である。

4) ［長倉2004］56頁。

因への問いが，つまり，エッセの根拠への問いがトマスにとっての最初の問いかけであり，それが『有と本質について』(De ente et essentia) の中にも問題意識として引き継がれていくのである[6]。換言すれば，この作品の中で問われているのは，現実の事物（ens in actu）を現実にあるものとしている原因であって，それは自然的世界の内部で語られる原因ではないのである。それゆえ，その意味において，この作品は，従来よく言われるような，自然的世界の諸事象についてのアリストテレスの説明を単に焼き直しただけのものではないのである。というのも，この作品におけるトマスの主要な関心事は，自然的事物を自然学的な次元に留めて解明することではなく，「あること」(esse) という形而上学的な次元からそれを解明することにあるからである。

より後年になって，トマスが神学の方法を「〈あること〉に即して」(secundum esse) と明言していることからも明らかなように[7]，我々は，トマスがこの小品を執筆した時点でその生涯の著作活動の計画を立てていたのではないかということをその紙背に読み取ることさえできるのである。かくして，この作品は，我々がエッセの形而上学と呼ばれる彼の独創的な思索の核心へと入っていく上で，重要な手掛かりを与えてくれるものであると言うことができる。

それでは，この作品は，トマスの生涯において，いつ頃執筆されたのであろうか。また，この作品を著すにあたって，トマスは何をその手掛かりとしたのであろうか。更には，この作品のタイトルにも含まれている「自然」(natura) という語は多義的であるがゆえに，読者の疑問をまずもって呼び起こすものであるようにも思われる。以下で，これらの点を含め，本書を読むのに参考になると思われ

---

5) 「動因」(causa movens) と「作出因」(causa efficiens) とは置換的に用いられる場合もある。しかし，固有に「作出因」(causa efficiens) と言われるときには，単に事物の働きのみならず，結果そのものをも生ぜしめる原因としての性格を持つ。

また，トマスがこの著作において求めているのは，個別的事物に働きかける個別的な作出因の存在ではなく，事物全体（omnia）であるとともに個物全体（totum）に対する普遍的な作出因の存在である。［長倉2004］47, 51-61頁；［長倉2005］25頁。

6) ［長倉2004］55-61頁。また，Pauson 版の編者は，この作品の重要性について次のような裁定を下している。[Pauson] p. 17. "It is especially important to arrive as closely as possible to the original phrasing of *De Principiis Naturae*, because in the beginning of this work, one of his earliest known writings, St. Thomas sets down an important exposition concerning existence (esse) as the basis of the whole treatise. Moreover, since this exposition is supplementary to that found in *De ente et Essentia*, it is essential for a complete understanding of St. Thomas' initial philosophical position."；[Pasnau] pp. 22-23.

7) *Super de Trinitate*, q.5, a.4, c.

る予備的な事柄を述べることにしよう。

2．本作品の成立年代とその源泉

　本作品は，作者が提示した特定の問題についての研究であって，その分量からして「小作品」(opusculum) と呼ばれることが多い。この作品は，最古のトマスの著作目録の内にそのタイトルが記載されて以来，その信憑性については疑問の余地がない[8]。

　この作品の成立年代に関する研究者たちの見解は，この作品をトマスの著作活動の最初期，とりわけ1252年から1256年までの間におくことで大方の一致を見ている[9]。これはちょうどトマスがパリ大学において聖書学講師 (baccalaureus biblicus) として教鞭を執りはじめた頃から神学博士としての教授資格 (licentia docendi) を取得するまでの時期に相当する。しかし，研究者の中には，1252-56年という4年間の中でもより早い時期にこの作品が著わされたと考える者もいる。例えば，Pauson版の編者は，この作品の成立年代を『命題集註解』(Scriptum super libros Sententiarum) 執筆以前の1252年から1254年の間においている。彼がこのように考える理由の一つには，本作品と『命題集註解』の中で用いられているアリストテレスの翻訳の相違ということがある。すなわち，『命題集註解』の中で用いられているアリストテレスの著作が当時流通し始めたばかりの，ギリシア語からの新しい翻訳であるのに対し，この作品やこれとほぼ同時期に著されたとされる『有と本質について』で用いられているのはアラビア語からの古い翻訳である。一般に，アリストテレスの著作は，はじめミカエル・スコトゥスによるアラビア語からの重訳が西欧世界に流布し，その後，ギリシア語からの直訳が13世紀中頃

---

　　8) [Pauson] pp. 63-64; [Grabmann] p. 225. また，この作品のタイトルは，初期の著作目録において，「自然の諸原理について」(De principiis naturae) 以外にも，「自然的事物の諸原理について」(De principiis rerum naturalium) や「諸事物の原理について」(De principiis rerum) など複数のタイトルが見られる。Pauson版の編者は，元々この著作には決まったタイトルがなかったため，筆写者が自身の理解に応じてその内容に見合ったタイトルを付けていき，その後，時間と共に一つのタイトルに固定していったのではないかと推測している。[Pauson] pp. 64-65; [Dondaine] p. 5.

　　9) 例えば，[Eschmann] p. 411; [Torrell] p. 47ff.; [Bourke] p. 73; [Weisheipl 1975] p. 79 を参照。

解　説　　　　　　　　　　　　　　xi

に普及するようになったとされている。そのため，本作品の執筆に取り掛かった時期にはトマスはギリシア語から直訳されたアリストテレスの新しい翻訳をまだ持っていなかったと考えられるから，この著作は，その利用が確認される『命題集註解』の執筆以前，つまり1252年から1254年の間におかれるはずである，とPauson版の編者は考えるのである[10]。また，Leo版の編者は，トマスが学生の時期にこの作品を著わしたと考えることさえ可能であると言う[11]。

ところで，この作品が『有と本質について』とその執筆時期をほぼ同じくすることについては先にも述べたが，研究者の中には，この作品が『有と本質について』よりも時間的に先行すると考える見方もある。例えば，マンドネやローラン・ゴスランらがこうした見解を保持している[12]。特に，ローラン・ゴスランは，論理的な展開からすれば，この著作が『有と本質について』よりも僅かに先立って書かれたはずだとしている。確かに，トマスが，本作品を通じて，『有と本質について』で展開されているような形而上学的な思索の基盤を準備したということも，一つの可能性として考えられるように思われる。

なお，この作品のタイトルは，ルッカのトロメオ（Tolomeo de Lucca）の作った著作目録によれば，「自然の諸原理についての論考，兄弟シルウェステルのため

---

10)　[Pauson] p. 70. また，アリストテレスの著作のラテン語への翻訳の歴史に関しては，[Dod] pp. 46–53を参照。

11)　[Dondaine] p. 6. "ce petit ouvrage est une sorte de memento pour étudiant, une introduction sommaire aux notions et aux divisions utilisées aux livres I et II des Physiques, et rappelées au début du livre V de la Métaphysique. L'auteur lit ces livres dans la version arabico–latine de Michel Scot, et avec le commentaire d'Averroès, mais sans la moindre discussion ou argumentation. Ce clair petit memento pourrait même remonter aux années d'études de Frère Thomas, qui y ferait part à un autre étudiant de sa lecture des Physiques dans le *Commentator*."

12)　[Roland–Gosselin] p. 26. "Le *De principiis naturae* est antérieur, croyons–nous, au *De ente et essentia*, et ce dernier opuscule doit vraisemblablement avoir été écrit avant le commentaire du *IIe Livre des Sentences*, vers le moment où saint Thomas commentait la XXV Distinction du *Ier Livre*." また，マンドネは，この作品が1255年頃に著され，『有と本質について』が1256年に著されたと考えている。しかし，残念なことにマンドネはその具体的な理由を示していない。[Mandonnet] p151. 勿論，この作品を『有と本質について』よりも前に置く見解を疑問視する研究者もいる。例えば [Bourke] pp. 73–74を参照。バークは，この作品の底流にアヴィセンナからの強い影響があると考え，次のように言っている。[Bourke] p. 74, ll.12–17. "As a young teacher, Aquinas was much more impressed by Avicenna than by Averroës (whom he probably did not know well during the 1250's) so it is probable that the more general treatise *On Being and Essence* preceded the work *On the Principles of Nature*. It is noteworthy that most lists of St. Thomas' works put them down in that order." しかし，必ずしも本作品の中にアヴェロエスよりも強いアヴィセンナの影響を見て取ることは出来ない。[Torrell] pp. 48–49; [Dondaine] pp. 5–6.

に」（Tractatus de principiis naturae ad fratrem Silvestrum）とある[13]。このシルウェステルなる人物について，その多くはわかっていないものの，トマスが当時共同生活をしていたパリのサン・ジャック修道院のドミニコ会士の一人であろうと推測されている。そのため，トマスは修道院で行われていた自身の講義を聞きに来るその同僚の求めに応じる形でこの作品を著すことになったのであろう。

　また，我々は，トマスがこの作品の中でアリストテレスやアヴェロエス，アヴィセンナなどにその権威を求める様子をしばしば目にする。この著作を執筆するに当たって，トマスがアヴェロエスやアヴィセンナから刺激を受けたことは，多くの研究者らによって指摘されている通りである[14]。しかし，それにも関わらず，本作品の中でトマスが主に依拠するのはアリストテレスであり，トマスはこの作品をアリストテレス自身によってまとめ上げているように思われる。実際，この著作の中でトマスはアリストテレスを九度に亘り引用しているのに対し，アヴィセンナは二度，そしてアヴェロエスは一度言及されるに留まっている[15]。恐らくトマスは，生成する自然的世界の事象に関しては，アリストテレスこそが自身の師であり，従うべき権威であると考えていたのであろう[16]。

　また，Pauson版の編者は，上記のような，引用という形での目に見える影響以外にも，この作品の底流に流れる他の思想家からの影響を読み取っている。例えば，存在論を巡るボエティウスとの問題意識の近しさや，トマスの直接の師であったアルベルトゥス・マグヌスからの方法論的な影響がそれである[17]。

　かくして，この作品の内実が或る程度明瞭なものになったと思われる。次にこの作品が書かれた当時の時代的状況を簡単に整理しておこう。

　13）［Pauson］pp. 64–66.
　14）［Pasnau］p. 47, n.1；［Pauson］pp. 72–74；［Torrell］p. 49；［Bourke］pp. 73–74. また，モンターニュは，本作品の第6章におけるアナロギアの議論の中にアヴェロエスの『形而上学註解』の影響を読み取っている。［Montagnes］pp. 169–180；［Klubertanz］p. 42, n.10.
　15）［長倉2006］45–49頁。テクストはLeo版を用いる。しかし，Marietti版に従うならば，アヴェロエスの引用は，アリストテレスの『形而上学』第5巻と『魂について』第2巻への註解を含む二度の引用が見られる。De principiis naturae, C.1, n.339；C.3, n.354.（Marietti版）
　16）［長倉2006］45–46頁。
　17）［Pauson］pp. 72–74.

3．中世における自然学の隆盛

　中世西欧世界における12世紀という時代は，新しい時代の到来を告げる分節点であったと言われることが多い。実際，この時代の西欧は様々な側面からその目覚しい発展について語ることが可能である。たとえば，この時代は，農業や手工業の分野で技術革新が進められることによって，人々がそれまで直面していた飢餓に別れを告げ，余剰農作物の販売が都市の発生に結びついた時代であった。また，そうして生活に余裕ができた者が知的好奇心を携えて大聖堂付属学校や著名な教師の下に日毎集まり，各地で私設の都市学校が出現し始めたのもこの時代のことであった。しかし，いま我々の関心からすれば，この時代は「自然の発見」という言葉で特徴付けられるように，新しい自然観が人々の内に芽生えはじめる変革の時期であった[18]。

　ところで，12世紀において「自然」が当時の人々の関心を集めるようになった背景の一つには，この時代の後半になってイスラム世界からもたらされた，アリトテレスをはじめとする大量の自然科学に関する文献の移入という経緯がある。すなわち，古代において既に高度な発展を遂げていたギリシアの自然科学の思想がイスラム世界を経由して再び西欧世界の知識人らの手にもたらされるにつれて，西欧の思想はその前後において大きくその在り方を変えることになっていったのである[19]。実際，この時代の人々にとってイスラム世界から移入された自然科学に関する研究文献は大きな衝撃であったに違いない。アリストテレスの著作としては，『分析論前書』や『命題論』，『詭弁論駁論』といった論理学的著作程

18）　この時代の人々の自然に対する関心は思想的な一分野に留まらない。シュニューは，美術や文学をはじめとする実に様々な領域において，自然が当時の人々の耳目を集めたことを指摘している。[Chenu] p. 4ff.；[土屋] 214-228頁。また，これに伴って「自然」(natura) そのものの意味が若干の変容を遂げることになったと指摘する研究もある。[Pacheco] p. 281ff.

19）　勿論，こうした自然観の変化の原因を，単にイスラム世界からのアリストテレス文献の移入という外的要因にのみ求めることはできない。そこに西欧世界における内的要因を考えることも可能である。例えば，E.グラントは，その著作の中で，シャルトル学派によるプラトン註解やエリウゲナの功績を指摘した後で，もし十分な時間があって，さほどの邪魔がなかったとしたら，12世紀の学者たちは，科学と自然科学の長期にわたる重要な伝統を生み出していたかもしれない，とさえ言う。[Grant] 邦訳35頁。また，こうした見方を支持するものとして，[Speer] の研究がある。

度しか出回っていなかった時代に、『自然学』や『形而上学』をはじめとするアリストテレスのほぼすべての著作がイスラムの思想家の著作と共に洪水のように押し寄せたのである。それゆえ、当時の人々は突如としてイスラム世界からもたらされた文献の吸収と消化に迫られることになったのである。それではこうした大量の文献の到来によって、その後、西欧世界の自然観はどのような変化を遂げたのであろうか。勿論、この問いに答えるためには、より詳細な歴史的研究が必要であるものの、さしずめ次のように言うことは可能であろう[20]。

すなわち、西欧においてそれまでに支配的であった自然観とは、この世界を神の顕現の場として捉える考え方であった[21]。自然的世界は、いわば不可視な神の啓示の場であって、そこに生じる事象は象徴的な解釈によって読み解かれなければならない、とされたのであった。そこにおいて、「自然」とは神によって書かれた一冊の書物のような存在であった[22]。例えば、雨や稲妻、流星、或いは雨の後に現れる虹といった自然が見せる諸事象は、時として我々に吉凶を告げ知らせるものであって、そこに神の何らかの意図を見て取ることが可能なのである。勿論、自然的事象に神の意図を積極的に読み込もうとする、このような理解はその後の西欧世界において完全に途絶えてしまったわけではない。自然的世界が究極的には神の摂理によって統宰されていることは、キリスト教神学者の立場において否定することができない事実である。とはいえ、この時代には、イスラムやギリシアの自然学に関する幾多の文献の流入によって、自然をそれ自体として研究の対象とする関心が高まるにつれて、人々は自然的事象の原因を安易に神の内に求めるのではなく、それを自然的世界の内部の構造において、可能な限り合理的に説明しようと考え始めたのである。例えば、先ほどの雨や稲妻といった事象であれば、それが河川や湖沼の水を上空にまで運ぶ風や、空気の部分同士の衝突に由来するものである、というように。

---

20) 12世紀から13世紀にかけての自然観の変容や、アラビア語文献の翻訳を扱った詳細かつ明瞭な研究として、[Goichon]；[Van Steenberghen]；[伊東] らの研究がある。

21) [Elders] p. 58ff. また、12世紀における自然の象徴的解釈の歴史に関する興味深い研究として [Tierney] pp. 307-322；[Le Goff] 邦訳29-35頁を参照。

22) 自然を一冊の書物として考える見方には、西欧において長い伝統がある。例えば、我々はスコトゥス・エリウゲナやサン・ヴィクトールのフーゴーの著作中にこうした表現を見出すことが可能である。例えば、Hugues de St. Victor, *Didasc. VIII : De tribus diebus* を参照。また、ボナヴェントゥラは『神学綱要』の中で、「自然」と「聖書」という神が書いた二つの作品を対比的に論じている。Bonaventura, *Breviloquium*, p.2, c.4, n.5；[Elders] p. 58ff.；[Le Goff] 邦訳29-35頁。

しかし，この時代の人々らは，こうした新しいタイプの自然学を何らの障害もなく，容易に受容することができたわけではない。なぜなら，先にも触れたように，この時代における自然学の研究はアリストテレス自然哲学の受容と併行的に進められていたのであるが，当時イスラム世界から伝播され始めたばかりのアリストテレスの思想は，その時代の人々にとっては馴染みのないものであり，そのままでは理解が困難だったからである。したがって，そのために人々はアリストテレスに対するよりよい註解書を切実に必要としていたのである。実際，トマスと同時代の哲学者の作品の中には，当時の人々のそうした要望に答える性格を持った作品が多い。例えば，シッカヴィラのヨハネス（Johannes de Siccavilla, c. a.1215–c.a.1295）による本作品と同タイトルの書，『自然の諸原理について』（De principiis naturae）や，カンタンプレのトマス（Thomas de Cantimpre, c.a.1201–c.a.1270）による百科全書的な『諸事物の本性についての書』（Liber de naturis rerum）といった作品は，アリストテレスの用語を紹介しつつ，自然的世界の諸事象を丹念に分析している[23]。勿論，こうした性格は，本作品においても当てはまるものであろう。

4．トマスにおける「自然」（natura）の多義性

　ところで，本作品のタイトルにも含まれている「自然」（natura）であるが，この語は時として事物の本質的な側面を指すこともあれば事物の総体を指すこともあり，その用途は様々である。先にも少し述べたように，「自然」（natura）という語は多義的であって，そのことは本作品を読み進める上での一つの障害になるようにも思われる。我々は，次に，「自然」（natura）という語に関するトマスの説明に触れることで，本作品の中で用いられるこの語の意味を簡単に確認しておこう。
　トマスは『形而上学註解』第5巻の中で，アリストテレスに従って，「自然」（na-

　23）　こうした自然学に対する関心は，時代がより後代に移っても色褪せることはなかった。例えば，スコトゥスの弟子とされるアントニウス・アンドレアエ（Antonius Andreae, c. a.1280–c.a.1320）による『自然の三つの原理について』（De tribus principiis naturae）やペトルス・アウレオリ（Petrus Aureoli, c.a.1280–c.a.1322）の『自然の諸原理についての論考』（Tractatus de principiis naturae）などが14世紀初頭の作品として残されている。しかし，後者は未完の作品である。

tura）という語の意味を解説してくれている[24]。そこでの説明によれば，この語の基本的な用法は次のようにまとめることが可能であろう。

(1) 「生成する事物の生成」（generatio generatorum），しかし生成する事物すべてではなく，植物や動物のような生物（vivens）の生成に限られる。
(2) 「生物における生成の内在的な原理」
(3) 「自然的な存在者一般における運動の内在的な原理」
(4) 「自然的事物の運動の原理としての質料」
(5) 「自然的事物の運動の原理としての形相」また，形相と質料の複合からもたらされる「生成の終極に位置する実体」

さて，「自然」（natura）という語の基本的な用法は以上の5つにまとめることが可能である。トマスは，まずこの第1の用法が本来的な意味での「自然」（natura）の用法に当たるとした後で，「〈誕生するもの〉の生成」（generatio nascentium）という言葉がこの用法の内実をより明瞭なものにするだろうとしている。すなわち，「或るものが〈誕生する〉」（nasci）という場合，それは生物（vivens）について言われるのであって，無生物について言われるわけではない。例えば，何か動物や植物が誕生するとは言われるが，無生物である石が誕生するとは言わないように。このように「自然」（natura）という語が本来的に用いられるのは，生物が誕生するような場面なのである。トマスはこのことを，naturaという語が「出生」や「生誕」を表すnativitasやnascentiaを意味することからも明らかである，と言う。

更にトマスは，「自然」（natura）という語が本来的に表すのが生物の誕生の場面にあることを明らかにするに当たって，「physis」というギリシア語の発音に関して興味深い指摘をしている。周知のごとく，ギリシア語の「physis」はラテン語の「natura」の原語であるが，トマスはこの「physis」のyを長音に発音する際には「生物の生成」（generatio viventium）という意味が現れ，それを短音に発

---

[24] *In V Metaph.*, l.5, n.808–823. Cf., *In II Phys.*, l.1, n.145 ; *S.T.* I, q.29, a.1, ad 4 ; III, q.2. a.1, c.『形而上学註解』のこの箇所に関しては，［Bobik］pp. 11–14 ;［桑原］60-63頁による明快な分析がある。また，トマスは「自然」（natura）が事物の生成という狭義の用法を離れて事物の本質を表す場合もあると言う。しかし，その種の用法は派生的である，とされている。Cf., *S.T.* I, q.39, a.2, ad 3 ; III, q.2, a.1 ; *De ente et essentia*, C.1 ; *Quodlibet* II, q.2, a.2.

音する際には「原理」(principium) という意味が現れるのだと言うのである。本来「physis」の y は短母音であるものの，これを長母音として読むとしたら，動詞の「生成する・生まれる」(phy(ū)esthai) が連想されるということである[25]。

他方，この「physis」の y を短く発音した場合が第 2 の用法である。そして，この第 2 の用法では，第 1 の用法が用いられる場面に従いつつも，「そこから或るものが生成するところの生成の原理」，つまり，生物が生成する上での内在的な原理が「自然」(natura) と呼ばれている。この場合の内在的な原理とは，本作品の第 3 章においても言われていたように，質料と形相のことである。

次いで，この第 2 の用法が用いられる場面を「生物の誕生や生成」から「自然的事物の運動」へと拡張したのが第 3 の「自然」(natura) の用法である。すなわち，単に動植物やその部分（例えば，動物の肉や骨）が誕生・生成する場合だけでなく，石などの無生物が何らかの運動を行うような場合にも，その運動を支える内在的な原理が「自然」(natura) と言われることになるのである。とはいえ，この場合にあっても，寝椅子や銅像といった人為的なものは，「自然」(natura) とは言われない。というのも，この語が用いられるのは『自然学』第 2 巻の中でも言われているように，自らの内に運動の内在的な原理を持つものであって，人為的なものはそれを付帯的に (per accidens) 持つに過ぎないとされているからである[26]。例えば，何か重い制作物（例えばナイフや像）が下方へ向かう傾向性を秘めているのは，トマスによれば，その素材となっている鉄の性質に由来するからであって，制作物そのものの内に下方へと向かう性質があるからではない。下へと向かうのは，それがた・ま・た・ま (per accidens) 鉄という重い素材をもとにしているからに過ぎない[27]。それゆえ，この場合，運動の原理を有するのは人為的な

---

25) *In V Metaph.*, l.5, n.808. "*Ut si quis porrigens dicat naturam*. Litera ista corrupta est. Quod ex alia translatione patet, quae sic habet *ut si quis producens dicat ypsilon*. Physis enim, quod apud Graecos naturam significat, si pro generatione viventium accipiatur, habet primum ypsilon productum; si vero pro principio, sicut communiter utitur, habet primum ypsilon breve. Posset tamen per hanc literam intelligi quod hoc nomen natura de generatione viventium dicatur secundum quamdam porrectionem idest extensionem." ［桑原］60-62頁．Cf., Boethius, *Liber de persona et duabus naturis*, C.1.

26) *In II Phys.*, l.1, nn.142-145；［Elders］p. 60ff. また，トマスとアヴィセンナの「自然」(natura) 理解を比較した興味深い研究として，［Weisheipl 1984］がある。

27) *In II Phys.*, l.1, n.142. "Sed ea quae non sunt a natura, sicut lectus et indumentum et similia, quae accipiunt huiusmodi praedicationem secundum quod sunt ab arte, nullius mutationis principium habent in seipsis nisi per accidens, inquantum scilicet materia et substantia corporum artificia

ものではなく，むしろ人為的なものが素材としている自然的事物である。そして，このことについては，本作品の第1章においても次のように言われている。すなわち，「人為的形相はすべて付帯的なものである。というのも技術・人為（ars）は，すでに自然によって完成された状態に齎されているもの以外には働きかけないからである[28]」このように，人為的なものは，自然的事物のように，それ自体として運動の原理を持っているわけではない。そして，このゆえに人為的なものは「自然」（natura）とは言われないのである。

そして，上述のように，事物の生成や運動の内在的な原理が「自然」（natura）と言われることからして，そうした原理を構成しているところの「質料」と「形相」がそれぞれ第4と第5の用法を担うことになる。つまり，質料と形相もまたそれぞれに「自然」（natura）と呼ばれるのである。更に，形相は質料と結合して「実体」を形成するがゆえに，生成の終極に位置する「実体」もまた，派生的な仕方で「自然」（natura）と言われる。

以上に概観したように，「自然」（natura）という語の意味は多様である。しかし，それにも関わらず，それらの各用法はその根底において一つの場面に結びついているとも言える。すなわち，上記の各用法が生物の生成と原理という意味から次第に拡張されていったことからも明らかなように，「自然」（natura）という語が表すのは，常に何らかの事物が生成する場面であって，そこを離れて論じられてはいない。つまりそこでは，生成のはじまりから終極に至るまでの過程が問題になっているのである。それゆえ，我々が本作品のタイトルの内に見る「自然」（natura）という語の意味もまた，事物が存在するに至るまでの生成の過程という，このような意味で捉えるのが適当であろう[29]。実際，本作品における議論の焦点の一つもそこにあるのである。例えば，第1章の終わりにおいて，「従って，生成（generatio）があるためには三つのものが必要とされる，すなわち，質料であるところの可能的有と，欠如であるところの現実にはあらぬことと，それによって生成が現実になるところのもの，すなわち形相，との三つである[30]」とある。また，そのすぐ前では，「生成（generatio）とは〈あらぬこと〉ないし〈あらぬも

---

torum sunt res naturales. Sic igitur inquantum artificialibus accidit esse ferrea vel lapidea, habent aliquod principium motus in seipsis, sed non inquantum sunt artificiata: cultellus enim habet in se principium motus deorsum, non inquantum est cultellus, sed inquantum est ferreus"

28）　*De principiis naturae*, C.1. "Omnes enim formae artificiales sunt accidentales. Ars enim non operatur nisi supra id quod iam constitutum est in esse perfecto a natura."

29）　[Bobik] pp. 12-13；[Ruello] pp. 621-625.

の〉(非有) から〈あること〉ないし〈あるもの〉(有) への何らかの変化・移行である[31]」ともある。

　無論，本作品の中には，建築家や医者，或いは銅像や家といった人為的なものも登場しているのであるが，既に述べたように，それは「自然」(natura) という語の対象ではない。むしろ，そこには，人為的なものの分析を通じて，自然的事物の生成の在り方をより明瞭なものにしようとするトマスの狙いがある。実際，我々がこの作品の中に主に見出すのは，可能態や現実態，或いは否定や欠如といった抽象的な言葉であるが，トマスがその時々の場面に合わせて挙げる事例は，我々の理解をより確かなものにしてくれるであろう。例えば，事物が可能態から現実態へと移行する過程を考える際に，それを彫刻家の手を通じて銅が銅像へと移行する過程と照らし合わせてみれば，理解は一層明瞭なものとなろう。しかし，その際，注意すべきことは，トマスが「現在」という視点に立って事物の生成変化を考えているということである。すなわち，トマスは，現実の事物の移り行きの記憶によって，可能態から現実態への移行を考えているのである。可能態にあるものは，常に現実態にあるものとの関係で考えられるのであって，現実には存在しない。生成を可能態から現実態への移行とするのは，時間軸を過去に或いは未来にずらすことによって考えられているのである。言い換えれば，現在のあり方 (現実態) から見て，過去のあり方はまだ実現されていないもの (可能態にあるもの) として理解され，未来のあるべきあり方 (実現され完成されたとして考えられるもの) から見て，現実のあり方はまだ実現されていないものとして考えられるのである。しかし，アウグスティヌスが言ったように，時間があるのは常に現在でしかない。そして，現実にある (actu esse) のは，つまり実在するのは「今ある」ということだけである。それゆえ，この「今ある」，「現にある」という視点に立ったとき，「現にある」という現実を導き出すのは何か，ということが最も深いところから問われてくるのである。先にも述べたように，トマスが本作品の中で取り扱っているのは，この「現にある」(actu esse) ということの解明なのである[32]。

---

　30) *De principiis naturae*, C.1. "Ad hoc ergo quod sit generatio, tria requiruntur: scilicet ens potentia, quod est materia ; et non esse actu, quod est privatio; et id per quod fit actu, scilicet forma."
　31) *De principiis naturae*, C.1. "generatio est quaedam mutatio de non esse vel ente ad esse vel ens"
　32) ［長倉2004］51-52頁。

目　次

凡　例　　　　　　　　　　　　　　　　　　　　　v
解　説　　　　　　　　　　　　　　　　　　　　　vii
略号表　　　　　　　　　　　　　　　　　　　　　xxii

第1章　可能態と現実態　　　　　　　　　　　　　　2
第2章　三原理（形相・質料・欠如）　　　　　　　　10
第3章　四原因（形相因・質料因・作出因・目的因）　22
第4章　四原因相互の関係　　　　　　　　　　　　　34
第5章　原因の種類とその区別　　　　　　　　　　　46
第6章　アナロギア：原理の一致と不一致　　　　　　54

原典関連註　　　　　　　　　　　　　　　　　　　63
訳者註　　　　　　　　　　　　　　　　　　　　　75
あとがき　　　　　　　　　　　　　　　　　　　　83
文献一覧　　　　　　　　　　　　　　　　　　　　87
索　引　　　　　　　　　　　　　　　　　　　　　97

略 号 表
（全集，雑誌等）

AHDLMA	Archives d'histoire doctrinale et littéraire du moyen âge, Paris.
IPQ	International Philosophical Quarterly, N.Y.
MFS	Magyar filozófiai szemle, Budapest.
MS	Medieval Studies, Toronto.
NS	The New Scholasticism, Washington, D.C.
PL	Patrologia Latina (J.P. Migne), Paris.
RFNS	Rivista di filosofia neoscolastica, Milan.
RSPT	Revue des sciences philosophiques et théologiques, Paris.
RT	Revue thomiste, Toulouse.

De principiis naturae
——ad Fr. Sylvestrum——

Caput 1

(1)　Nota quod quoddam potest esse licet non sit, quoddam uero est. Illud quod potest esse dicitur esse potentia, illud quod iam est dicitur esse actu[a]. Sed duplex est esse, scilicet esse essentiale rei siue substantiale, ut hominem esse, et hoc est esse simpliciter ; est autem aliud esse accidentale, ut hominem esse album, et hoc est esse aliquid[b].

(De principiis naturae, §1, l. 1–8)

(2)　Ad uturumque esse est aliquid in potentia : aliquid enim est in potentia ut sit homo, ut sperma et sanguis menstruus, aliquid est in potentia ut sit album, ut homo[c]. Tam illud quod est in potentia ad esse substantiale quam illud quod est in potentia ad esse accidentale potest dici materia, sicut sperma hominis et homo albedinis ; sed in hoc differt quia materia que est in potentia ad esse substantiale dicitur materia ex qua, que autem est in potentia ad esse accidentale dicitur materia in qua[d],[1].

(Ibid., §1, l. 9–19)

---

　　a)　Pauson 版では "Illud quod potest esse, dicitur potentia esse ; illud quod iam est, dicitur esse actu." とある。

　　b)　Pausonn 版では "Sed duplex est esse : scilicet esse essentiale sive substantiale rei, ut hominem esse, et hoc est esse simpliciter; est aliud esse accidentale, ut hominem esse album, et hoc est esse aliquid." とある。

　　c)　Pauson 版では "Ad utrumque esse est aliquid in potentia. Aliquid enim est in potentia ut sit homo, ut sperma et sanguis menstruus ; aliquid est in potentia ut sit album, ut homo." とある。

　　d)　Pauson 版では "Et tam illud quod est in potentia ad esse substantiale, quam illud quod est in potentia ad esse accidentale, potest dici materia ; sicut sperma hominis et homo albedinis. Sed in hoc differunt, quia materia quae est in potentia ad esse substantiale, dicitur materia ex qua ; quae autem est in potentia ad esse accidentale, dicitur materia in qua." とある。

第1章
（可能態と現実態）

(1) 或るものはあるのではないがあることが可能であり，他方で，或るものはある，ということに注目しなさい。あることが可能であるものは可能的にあると言われ，すでにあるものは現実にあると言われる[1]。ところで，〈あること〉は二様である。すなわち，事物の本質的な或いは実体的なあること――例えば人間であることであるが，これは，端的にあることである――があり，またもう一つに，付帯的なあること――例えば人は白くある（白い）ということであるが，これは或る何かであるということである――がある[2]。

(2) その両方のあることに対して，或るものは可能態としてある。すなわち，或るものは精子と月経血のように，人間であるために可能態としてあるのであり，或るものは人間のように，白くあるために可能態としてあるのである。（そして）実体的なあることに対して可能態としてあるものも，付帯的なあることに対して可能態としてあるものも，同じく質料と呼ばれることができる。例えば，人間に対する精子や白さに対する人間のように。しかし次の点で異なっている。すなわち，実体的なあることに対して可能態にある質料は，〈そこからの質料〉と呼ばれるのに対し[3]，付帯的なあることに対して可能態にあるものは，〈そこにおける質料〉と呼ばれる点である。

---

1) 『形而上学註解』第5巻第9講（Marietti 897），第9巻第3講，第5講；『神学大全』第1部第77問題第1項主文（高田・大鹿訳，第6巻86-87頁）；『有と本質について』第4章（高桑訳，31-37頁，プリオット・日下訳，14-19頁，須藤訳，91-97頁）；『定期討論集 霊的被造物について』第1問題第1項主文

2) 『形而上学註解』第4巻第1講（Marietti 534），第5巻第9講；『有と本質について』第6章（高桑訳，55-62頁，プリオット・日下訳，23-26頁，須藤訳，102-106頁）

3) 『対異教徒大全』第2巻第43章，第54章；『自然学註解』第1巻第13講（Marietti 111）；『形而上学註解』第5巻第2講（Marietti 775）；『有と本質について』第2章（高桑訳，15-20頁，プリオット・日下訳，3-10頁，須藤訳，76-85頁），第6章（高桑訳，55-62頁，プリオット・日下訳，23-26頁，須藤訳，102-106頁）

(3) Item proprie loquendo quod est in potentia ad esse accidentale dicitur subiectum, quod uero est in potentia ad esse substantiale dicitur proprie materia[e]. Quod autem illud quod est in potentia ad esse accidentale dicatur subiectum, signum est quia dicuntur esse accidentia in subiecto, non autem quod forma substantialis sit in subiecto[f]. Et secundum hoc differt materia a subiecto, quia subiectum est quod non habet esse ex eo quod aduenit, sed per se habet esse completum, sicut homo non habet esse ab albedine ; sed materia habet esse ex eo quod ei aduenit, quia de se habet esse incompletum[g],[2]. Vnde simpliciter loquendo forma dat esse materie[3], sed subiectum accidenti, licet aliquando unum sumatur pro altero, scilicet materia pro subiecto et e conuerso[h].　　　　　　　　　　　　　　(*Ibid*., §1, l. 20–35)

(4) Sicut autem omne quod est in potentia potest dici materia, ita omne a quo aliquid habet esse, quodcumque esse sit, siue substantiale siue accidentale, potest dici forma : sicut homo cum sit potentia albus fit actu albus per albedinem, et sperma cum sit potentia homo fit actu homo per animam[i]. Et quia forma facit esse in actu, ideo forma dicitur esse actus ; quod autem

---

　　e) Pauson 版ではそのまま節が続いており，"Item proprie loquendo quod est in potentia ad esse substantiale, dicitur materia prima ; quod vero est in potentia ad esse accidentale, dicitur subiectum." とある。

　　f) Pauson 版では "Unde dicitur quod accidentia sunt in subiecto ; non autem dicitur quod forma substantialis sit in subiecto." とある。

　　g) Pauson 版では "Et secundum hoc differt materia a subiecto, quia subiectum est quod non habet esse ex eo quod advenit, sed per se habet esse completum; sicut homo non habet esse ab albedine. Sed materia habet esse ex eo quod sibi advenit, quia de se habet esse incompletum." とある。また，Marietti 版ではこの一文の最後に "ut dicit Commentator in secundo *De Anima*" とある。

　　h) Pauson 版では "Unde simpliciter loquendo forma dat esse materiae, accidens autem non dat esse subiecto, sed subiectum accidenti, licet aliquando unum ponatur pro altero, scilicet materia pro subiecto et e converso." とある。

(3) またさらに，本来的に語るならば，付帯的なあることに対して可能態としてあるものは基体と呼ばれ，他方，実体的なあることに対して可能態としてあるものは固有に質料と呼ばれる。ところで，付帯的なあることに対して可能態としてあるものが基体と呼ばれることは，諸々の付帯性は基体においてあると言われるが，他方で，実体的形相は基体の内にあるとは言われえないということを示している。そして質料は基体とは次の点で異なっている。すなわち，基体はそれに到来するものから〈あること〉を有つのではなく，それ自身によって完全な〈あること〉を有っているのである。例えば人が白さから〈あること〉を有っているのではないように。しかし，質料はそれに到来するものから〈あること〉を有つ。というのはそれ自身では不完全な〈あること〉を有するからである。それ故，端的に言うならば形相が質料に〈あること〉を与えるのであり[4),a)]，他方，基体が付帯性に〈あること〉を与えるのである[5)]。もちろん時には，一方が他方の代わりに用いられることがあり，質料が基体の代わりに用いられ，またその逆の仕方で用いられることがある。

(4) ところで，可能態としてあるものがすべて質料と言われることができるように，何かがそれによって〈あること〉を有つところのそれは，そのあることが実体的であれ，いかなるあることであってもすべて，形相と言われることができる[6)]。例えば人間が可能的に白くあるときに，白さによって現実

---

4) 『有と本質について』第 4 章（高桑訳，40頁，プリオット・日下訳，15頁，須藤訳，92頁）；『定期討論集　真理論』第28問題第 7 項主文；『定期討論集　魂について』第 1 問題第 1 項主文，第 9 項，第10項；『定期討論集　霊的被造物について』第 1 問題第 3 項主文；『命題集註解』第 2 巻第18区分第18問題第 2 項主文；『命題集註解』第 3 巻第 6 区分第 2 問題第 2 項異論解答 1 ；『対異教徒大全』第 3 巻第54章，第58章；『「魂について」註解』第 2 巻第 1 講；『形而上学註解』第 5 巻第 2 講（Marietti 775）；『自由討論集』第 7 巻第 6 問題第 1 項主文；『神学綱要』第 1 巻第74章，第90章

5) 『神学大全』第 1 部第28問題第 2 項主文（高田・山田訳，第 3 巻，27-29頁）；『有と本質について』第 6 章（高桑訳，55-62頁，プリオット・日下訳，23-26頁，須藤訳，102-106頁）

6) 『形而上学註解』第 7 巻第 2 講（Marietti 1278）；『有と本質について』第 2 章（高桑訳，15-20頁，プリオット・日下訳，3 -10頁，須藤訳，76-85頁），第 4 章（高桑訳，31-37頁，プリオット・日下訳，14-19頁，須藤訳，91-97頁）；『神学大全』第 1 部第66問題第 1 項主文，第 2 項主文（高田・山本訳，第 5 巻，22-25，30-33頁），第77問題第 6 項主文（高田・大鹿訳，第 6 巻，105-106頁）

facit actu esse substantiale est forma substantialis, et quod facit actu esse accidentale dicitur forma accidentalis[j].　　　　　　(*Ibid*., §1, l. 36–46)

(5)　Et quia generatio est motus ad formam, duplici forme respondet duplex generatio : forme substantiali respondet generatio simpliciter, forme uero accidentali generatio secundum quid[k),4)]. Quando enim introducitur forma substantialis, dicitur aliquid fieri simpliciter ; quando autem introducitur forma accidentalis, non dicitur aliquid fieri simpliciter sed fieri hoc : sicut quando homo fit albus, non dicimus simpliciter hominem fieri uel generari, sed fieri uel generari album[l]. Et huic duplici generationi respondet duplex corruptio, scilicet simpliciter et secundum quid ; generatio uero et corruptio simpliciter non sunt nisi in genere substantie, sed generatio et corruptio secundum quid sunt in aliis generibus[m].　　(*Ibid*., §1, l. 47–61)

---

　　i)　Pauson 版では "Sicut autem omne quod est in potentia potest dici materia, ita omne a quo aliquid habet esse, sive substantiale sive accidentale, potest dici forma ; sicut homo, cum sit potentia albus, fit actu albus per albedinem, et sperma, cum sit potentia homo, fit actu homo per animam." とある。

　　j)　Pauson 版では "Et quia forma facit esse in actu, ideo forma dicitur esse actus. Quod autem facit actu esse substantiale, dicitur forma substantialis, et quod facit actu esse accidentale, dicitur forma accidentalis." とある。

　　k)　Pauson 版では "Et quia generatio est motus ad formam, duplici formae respondet duplex generatio : formae substantiali respondet generatio simpliciter ; formae accidentali generatio secundum quid." とある。

　　l)　Pauson 版では "Quando enim introducitur forma substantialis, dicitur aliquid fieri simpliciter, sicut dicimus : homo fit vel homo generatur. Quando autem introducitur forma accidentalis, non dicitur aliquid fieri simpliciter, sed fieri hoc ; sicut quando homo fit albus, non dicimus simpliciter hominem fieri vel generari, sed fieri vel generari album." とある。

　　m)　Pauson 版では "Et huic duplici generationi opponitur duplex corruptio, scilicet simpliciter et secundum quid. Generatio vero et corruptio simpliciter non sunt nisi in genere substantiae, sed generatio et corruptio secundum quid sunt in omnibus aliis generibus." とある。

に白くなる場合がそうであり，また精子が可能的に人間であるときに，魂によって現実に人間となる場合がそうである[7]。そして，形相は現実態にあらしめるがゆえに，形相は現実態であると言われるのである。ところで，現実に実体的にあらしめるものは実体的形相であるが，現実に付帯的にあらしめるものは付帯的形相と言われる。

(5) そして生成は形相への運動であるから，二様の形相に応じて二様の生成がある。実体的形相に対応して端的な生成があり，付帯的な生成に対応して或る限られた意味での生成がある[8]。というのは実体的形相が導入されるときには，何か或るものが端的に生じる，と言われるのであり，他方，付帯的形相が導入されるときには，何か或るものが端的に生じると言われるのではなく，こうなる，と言われるからである。例えば人間が白くなるとき，端的に人間が生じるとか生まれるとか言わず，むしろ白いものが生じるとか生まれると言うようにである。そして，この様な二様の生成に対応して二様の消滅がある。すなわち端的なものと或る限られた仕方でのものとがある。ところで，生成と消滅は端的には実体の類の内にのみあるが，しかし，或る限られた意味での生成と消滅は他の類の内にある[9]。

---

[7] 『神学大全』第1部第76問題第1項主文（高田・大鹿訳，第6巻35-41頁）;『対異教徒大全』第2巻第68章;『定期討論集 魂について』第1問題第1項主文;『定期討論集 霊的被造物について』第1問題第2項主文

[8] 『自然学註解』第5巻第2講;『有と本質について』第2章（高桑訳，15-20頁，プリオット・日下訳，3-10頁，須藤訳，76-85頁）

[9] 『自然学註解』第1巻第12講（Marietti 107）

(6)　Et quia generatio est quedam mutatio de non esse uel ente ad esse uel ens, e conuerso autem corruptio debet esse de esse ad non esse, non ex quolibet non esse fit generatio, sed ex non ente quod est ens in potentia : sicut ydolum ex cupro, quod ydolum est in potentia, non in actu[n].

(*Ibid*., §1, l. 62-67)

(7)　Ad hoc ergo quod sit generatio tria requiruntur[5] : scilicet ens potentia quod est materia, et non esse actu quod est priuatio, et id per quod fit actu, scilicet forma[o]. Sicut quando ex cupro fit ydolum, cuprum quod est potentia ad formam ydoli est materia, hoc autem quod est infiguratum siue indispositum dicitur priuatio; figura autem a qua dicitur ydolum est forma, non autem substantialis, quia cuprum ante aduentum forme seu figure habet esse in actu, et eius esse non dependet ab illa figura, sed est forma accidentalis : omnes enim forme artificiales sunt accidentales, ars enim non operatur nisi supra id quod iam constitutum est in esse perfecto a natura[p].

(*Ibid*., §1, l. 68-81)

---

n)　Pauson 版ではそのまま節が続いており，"Et quia generatio est quaedam mutatio de non esse ad esse, e converso autem corruptio de esse ad non esse, non ex quolibet non ente fit generatio, sed ex non ente quod est ens in potentia; sicut idolum ex cupro quod est idolum in potentia, non in actu." とある。

o)　Pauson 版では "Ad hoc ergo quod sit generatio, tria requiruntur : scilicet ens potentia, quod est materia ; et non esse actu, quod est privatio ; et id per quod fit actu, scilicet forma." とある。

p)　Pauson 版では "Sicut quando ex cupro fit idolum, cuprum quod est in potentia ad formam idoli, est materia ; hoc autem quod est infiguratum sive indispositum, est privatio ; figura autem a qua dicitur idolum, est forma ; non autem substantialis, quia cuprum ante adventum illius formae habet esse in actu, et eius esse non dependet ab illa figura, sed est forma accidentalis. Omnes enim formae artificiales sunt accidentales. Ars enim non operatur nisi supra id quod iam constitutum est in esse a natura." とある。

第 1 章

⑹　生成とは〈あらぬこと〉ないし〈あらぬもの〉（非有）から〈あること〉ないし〈あるもの〉（有）への何らかの変化・移行であり，他方その反対に，消滅とは〈あること〉から〈あらぬこと〉への変化・移行であらねばならないから，如何なる〈あらぬこと〉からでも生成が起こると言うのではなく，可能態としての有であるところの非有から起こるのである[10]。それはちょうど像が銅から生ずる場合，その銅は可能態として像であり，現実には像でないのと同様である。

⑺　従って，生成があるためには三つのものが必要とされる，すなわち，質料であるところの可能的有と，欠如であるところの現実にはあらぬことと[11]，それによって（id per quod）生成が現実になるところのもの，すなわち形相，との三つである[12]。例えば銅から像が生じるとき，像の形相に対して可能的にある銅は質料である。しかし，形造られていない或いは整えられていないものは欠如である，と言われる。他方で，それによって像と言われる形姿は形相である[13]。しかし，実体的形相ではない。というのも銅は形相のいやむしろ形姿の到来以前にも現実態にあることを有しているのであり，銅の〈あること〉はその形姿に依存していないからである。それはむしろ付帯的形相である。すなわち，人為的形相はすべて付帯的・偶有的形相である[14]。というのも技術・人為は，すでに自然によって完成された状態に齎されているもの以外には働きかけないからである。

10）『自然学註解』第 5 巻第 2 講；『定期討論集　真理論』第 5 問第 2 項異論解答 6；『神学大全』第 1 部第27問題第 2 項主文（高田・山田訳，第 3 巻27-29頁）
11）『形而上学註解』第10巻第 6 講；『定期討論集　能力論』第 9 問題第 7 項異論解答11
12）『形而上学註解』第 8 巻第 4 講（Marietti 1746）；『神学大全』第 1 部第66問題第 1 項主文，第 2 項主文（高田・山本訳，第 5 巻22-25頁）
13）『神学大全』第 1 部第 7 問題第 1 項異論解答 2 （高田訳，第 1 巻129頁，山田訳，231頁）
14）『神学大全』第 3 部第66問題第 4 項主文（稲垣訳，第34巻15-16頁）；『形而上学註解』第 5 巻第 5 講（Marietti 818），第 7 巻第 2 講（Marietti 1277），第 8 巻第 3 講（Marietti 1719）

Caput 2

(1) Sunt igitur tria principia nature, scilicet materia, forma et priuatio, quorum alterum, scilicet forma, est id ad quod est generatio, alia duo sunt ex parte eius ex quo est generatio[q]. Vnde materia et priuatio sunt idem subiecto[6], sed differunt ratione ; illud idem quod est es est infiguratum ante aduentum forme, sed ex alia ratione dicitur es, et ex alia infiguratum[r]. Vnde priuatio dicitur esse principium non per se sed per accidens[7], quia scilicet concidit cum materia ; sicut dicimus quod hoc est per accidens 'medicus edificat' : non enim ex eo quod medicus, sed ex eo quod edificator, quod concidit medico in uno subiecto[s].　　　　(*Ibid*., §2, l. 1–14)

(2) Sed duplex est accidens, scilicet necessarium quod non separatur a re, ut risibile hominis, et non necessarium quod separatur, ut album ab homine[t],[8]. Vnde licet priuatio sit principium per accidens, non sequitur

---

q)　Pauson 版では "Sunt igitur tria principia naturae, scilicet materia, forma et privatio ; quorum alterum, scilicet forma, est id ad quod est generatio, alia duo sunt ex parte eius ex quo est generatio." とある。

r)　Pauson 版では "Unde materia et privatio sunt idem subiecto, sed differunt ratione. Illud enim idem quod est aes, est infiguratum ante adventum formae ; sed ex alia ratione dicitur aes et ex alia infiguratum." とある。

s)　Pauson 版では "Unde privatio dicitur principium non per se, sed per accidens, quia scilicet coincidit cum materia ; sicut dicimus quod per accidens medicus aedificat. Medicus enim aedificat non ex eo quod est medicus, sed ex eo quod est aedificator, quod coincidit cum medico in uno subiecto." とある。

t)　Pauson 版では "Sed duplex est accidens : scilicet necessarium quod non separatur a re, ut risibile ab homine ; et non necessarium quod separatur, ut album ab homine." とある。

第 2 章
(三原理：形相・質料・欠如)

⑴　従って，自然の三つの原理がある，すなわち質料と形相と欠如である。そのうちの一つ，すなわち形相はそれに向けて生成があるところのものであり，他の二つはそれから生成があるところのものの側にある[15]。それ故，質料と欠如は基体において同一であるが，概念において異なっている。その青銅という同一のものは形相の到来以前には形を与えられていないが，しかし，或る観点からはそれは青銅と言われ，別の観点からはまだ形を与えられていないものと言われる。それ故，欠如は自体的にではなく，付帯的に原理であると言われる[16]。というのは，すなわち質料と一致するからである。例えば，医者が建築するのは付帯的にであると我々が言うごとくである。というのも，（そのことは）医者が医者であるということからではなくて，建築家であるということからであるが，建築家であることが一つの基体において医者とたまたま一つになっているからである。

⑵　ところで付帯的なものは二様である。すなわち事物から分離されない必然的なもの[17]——例えば人間の笑い得るということ——と分離される必然的でないもの[18]——例えば人間から分離される白さ——とである。それ故，欠如は付帯的な原理であるとはいえ，生成にとって必然的なものではないということにはならない。というのは，質料は欠如によって丸裸にされる（形相の全くない状態になる）ことがないからである。なぜなら，質料は一つの形相のもとにある限りでは別の形相の欠如を有しており，そしてまたその逆も

---

15)　『対異教徒大全』第 3 巻第69章第19節
16)　『自然学註解』第 1 巻第13講（Marietti 112），第 2 巻第 6 講（Marietti 190）
17)　『形而上学註解』第 5 巻第22講；『神学大全』第 2 - 1 部第 2 問題第 6 項主文（高田・村上訳，第 9 巻49-50頁）；『定期討論　霊的被造物について』第 1 問題第11項主文；『有と本質について』第 6 章（高桑訳，55-62頁，プリオット・日下訳，23-26頁，須藤訳，102-106頁）
18)　『形而上学註解』第 5 巻第22講（1119-1143）

quod non sit necessarium ad generationem, quia materia a priuatione non denudatur ; in quantum enim est sub una forma, habet priuationem alterius et e conuerso, sicut in igne est priuatio aeris et in aere priuatio ignis[u].

(*Ibid*., §2, l. 15-24)

(3)　Et sciendum quod, cum generatio sit ex non esse, non dicimus quod negatio sit principium, sed priuatio ; quia negatio non determinat sibi subiectum : 'non uidet' enim potest dici etiam de non entibus, ut 'chimera non uidet', et iterum de entibus que non nata sunt habere uisum, sicut de lapidibus[v]. Sed priuatio non dicitur nisi de determinato subiecto, in quo scilicet natus est fieri habitus, sicut cecitas non dicitur nisi de hiis que sunt nata uidere.　　　　　　　　　　　　　　　(*Ibid*., §2, l. 24-33)

(4)　Et quia generatio non fit ex non ente simpliciter, sed ex non ente quod est in aliquo subiecto, et non in quolibet sed in determinato —— non enim ex quolibet non igne fit ignis sed ex tali non igne circa quod nata sit fieri forma ignis ——, ideo dicitur quod priuatio est principum[w]. Sed in hoc differt ab aliis, quia alia sunt principia et in esse et in fieri : ad hoc enim

---

u)　Pauson 版では "Unde licet privatio sit principium per accidens, non sequitur quod non sit necessaria ad generationem, quia materia a privatione numquam denudatur ; inquantum enim est sub una forma, habet privationem alterius et e converso, sicut in igne est privatio aeris et in aere privatio ignis." とある。

v)　Pauson 版では "Et est sciendum quod, cum generatio sit ex non esse, non dicimus quod negatio sit principium, sed privatio, quia negatio non determinat sibi subiectum. Non videre enim potest dici etiam de non entibus, ut 'chimaera non videt' ; et iterum de entibus quae non sunt nata habere visum, sicut de lapide." とある。

w)　Pauson 版ではそのまま節が続いており "Et quia generatio non fit ex non ente simpliciter, sed ex non ente quod est in aliquo subiecto, et non in quolibet, sed in determinato, —— non enim ex quolibet non igne fit ignis, sed ex tali non igne, circa quem nata sit fieri forma ignis, —— ideo dicitur quod privatio sit principium." とある。

あるからである。例えば，火においては空気の欠如があり，空気においては火の欠如があるように[19]。

(3)　そして，生成はあらぬことからであるが，我々は否定が原理であるとは言わずに，欠如が原理であると言うことを知らなければならない。なぜなら，否定はそれ自身に基体を規定しないからである[20]。すなわち，「見ない」ということはあらぬものについても言われることができ——例えば「キマイラは見ない」と言うように——また，生まれつき視覚を有していないものについても——例えば「石は見ない」と言うように——言われることができるのである。しかし，欠如は特定の基体，つまりその内に所有が生じるように生まれついた基体について以外には言われない。例えば盲目は見るように生まれついたものについて以外には言われないように[21]。

(4)　そして，生成は端的にあらぬものから生じるのではなく[22]，或る基体のうちにある，それもいかなる基体でもというのではなく特定の基体のうちにある，あらぬものから生じるのである。——例えば火でないものならいかなるものからでも火が生じるのではなく，もともと火の形相が生じうるような火でないものから生じるように——。それ故に，欠如は原理と言われるのである。しかし欠如は以下の点で他とは異なっている。つまり，他のものはあることにおいても成る（生ずる）ことにおいても原理なのである。例えば像が生じるためには，青銅があるということがなければならず，そして最終的

---

19)　『形而上学註解』第5巻第4講（Marietti 800）；『神学大全』第1部第66問題第1項主文（高田・山本訳，第5巻22-25頁）

20)　『形而上学註解』第4巻第3講（Marietti 564-566）

21)　『形而上学註解』第4巻第3講（Marietti 565），第5巻第20講（Marietti 1071）；『神学大全』第1部第17問題第4項主文（高田訳，第1巻122-123頁）；『対異教徒大全』第1巻第71章（酒井訳，311-318頁），第3巻第7章；『定期討論集　悪について』第2問第12項異論解答3

22)　『自然学註解』第1巻第12講（Marietti 104）

quod fiat ydolum oportet quod sit es, et quod ultima sit figura ydoli, et iterum quando iam ydolum est oportet hec duo esse ; sed priuatio est principium in fieri et non in esse, quia dum fit ydolum oportet quod non sit ydolum : si enim esset non fieret, quia quod fit non est, nisi in successiuis[x]. Sed ex quo iam ydolum est, non est ibi priuatio ydoli, quia affirmatio et negatio non sunt simul, similiter nec priuatio et habitus[y]. Item priuatio est principium per accidens, ut supra expositum est, alia duo sunt principia per se[z].

(*Ibid*., §2, l. 34–52)

(5)　Ex dictis igitur patet quod materia differt a forma et a priuatione secundum rationem. Materia enim est id in quo intelligitur forma et priuatio, sicut in cupro intelligitur figura et infiguratum ; quandoque quidem materia nominatur cum priuatione, quandoque sine priuatione : sicut es cum sit materia ydoli non importat priuationem, quia ex hoc quod dico 'es' non intelligitur indispositum seu infiguratum ; sed farina cum sit materia respectu panis, importat in se priuationem forme panis, quia ex hoc quod dico farinam significatur indispositio siue inordinatio opposita forme panis[a]. Et quia in generatione materia siue subiectum permanet, priuatio uero non, neque compositum ex materia et priuatione, ideo materia que non importat

---

　　　x)　Pauson 版では "Sed in hoc differt ab aliis, quia alia sunt principia et in esse et in fieri. Ad hoc enim quod fiat idolum, oportet quod sit aes, et quod ultimo sit figura idoli ; iterum quando iam idolum est, oportet haec duo esse. Sed privatio est principium in fieri et non in esse ; quia dum fit idolum, oportet quod non sit idolum. Si enim esset, non fieret, quia quod fit, non est nisi in successivis, ut tempus et motus." とある。
　　　y)　Pauson 版では "Sed ex quo iam idolum est, non est ibi privatio idoli, quia affirmatio et negatio non sunt simul, similiter nec privatio et habitus." とある。
　　　z)　Pauson 版では "Item privatio est principium per accidens, ut supra expositum est ; alia duo sunt principia per se." とある。

な像の形がなければならないのであり，そしてまた，像がすでにある時にもこの二つがなければならないのである。しかるに，欠如は成ることにおける原理であって，あることにおける原理ではない。というのは，像が生じつつある間は当然像ではないからである。もしも，あるのであれば生じているのではないであろう。というのは，生じているものはあるのではないのだから。ただし継起的なもののみにおいては別であるが[23]。しかし，すでに像があるということからして，そこにはもう像の欠如はないのである。というのは，肯定と否定が同時にはないのと同じように，欠如と所有も（同時には）ないからである。それ故，欠如は付帯的な原理であるが，上で説明した様に（本章(1)），他の二つは自体的な原理である。

(5)　それ故，上述のことから，質料は形相や欠如と概念において異なっていることは明らかである。すなわち質料はそのうちに形相と欠如が考えられるところのそれである。例えば，青銅において形と形のないこととが考えられるように。確かに，或る場合には欠如とともに質料と呼ばれるが，或る場合には欠如なしに質料と呼ばれるのである。例えば青銅は，像の質料であるときには欠如を含意していないからである。というのは，'青銅'と私が言うこのことから，態勢を整えられていないもの或いは形を与えられていないものが理解されることはないからである。しかし小麦粉は，パンに対して質料である時，それ自体のうちにパンの形相の欠如を含意している。というのは，'小麦粉'と私が言うこのことから，パンの形相に対立する態勢を整えられていないこと或いは秩序付けられていないことが意味表示されるからである。そして，生成においては質料や基体は存続しているが，欠如は存続せず，また質料と欠如の複合体も存続しないから，欠如を含意しない質料は存続するものであるが，欠如を含意する質料は過ぎ去るものである。

---

　　23)　『自然学註解』第4巻第15講（Marietti 558, 589）；『神学大全』第1部第53問題第3項主文（高田・日下訳，第4巻185-186頁），第2－1部第113問題第7項異論解答5（稲垣訳，第20巻189-190頁）；『対異教徒大全』第1巻第66章（酒井訳，279-285頁）

priuationem est permanens, que autem importat est transiens[b].

(*Ibid*., §2, l. 53–69)

(6) Sed sciendum quod quedam materia habet compositionem forme, sicut es cum sit materia respectu ydoli, ipsum tamen es est compositum ex materia et forma, et ideo es non dicitur materia prima quia habet materiam[c]. Ipsa autem materia que intelligitur sine qualibet forma et priuatione, sed subiecta forme et priuationi, dicitur materia prima, propter hoc quod ante ipsam non est alia materia : et hoc etiam dicitur yle[d]. Et quia omnis diffinitio et omnis cognitio est per formam, ideo materia prima per se non potest cognosci uel diffiniri, sed per comparationem[9], ut dicatur quod illud est materia prima quod hoc modo se habet ad omnes formas et priuationes sicut es ad ydolum et infiguratum : et hec dicitur simpliciter prima[e]. Potest etiam aliquid dici materia prima respectu alicuius generis, sicut aqua est materia liquabilium[10], non tamen est prima simpliciter quia est composita

---

a) Pauson 版では "Materia enim est id in quo intelligitur forma et priuatio ; sicut in cupro intelligitur figura et infiguratum. Quandoque quidem materia denominatur cum privatione, quandoque sine privatione ; sicut aes, cum sit materia idoli, non importat privationem, quia ex hoc quod dico 'aes', non intelligitur indispositum sive infiguratum. Sed farina, cum sit materia respectu panis, importat in se privationem formae panis, quia ex hoc quod dico 'farina', significatur indispositio sive inordinatio opposita formae panis." とある。

b) Pauson 版では "Et quia in generatione materia sive subiectum permanet, privatio vero non, neque compositum ex materia et privatione, ideo materia quae non importat privationem, est permanens, quae autem importat, est transiens." とある。

c) Pauson 版では "Sed est sciendum quod quaedam materia habet compositionem formae, sicut aes cum sit materia respectu idoli, ipsum tamen aes est compositum ex materia et forma ; et ideo aes non dicitur materia prima, quia habet materiam." とある。

d) Pauson 版では "Illa autem materia quae intelligitur sine qualibet forma et privatione, sed subiecta est formae et privationi, dicitur materia prima propter hoc quod ante ipsam non est alia materia. Et hoc etiam dicitur 'hyle'." とある。

e) Pauson 版ではここで節が区切られ、"Et quia omnis definitio et omnis cognitio est per formam, ideo materia prima per se non potest cognosci vel definiri, sed per compositum, ut dicatur quod illud est materia prima, quod hoc modo se habet ad omnes formas et privationes sicut aes ad idolum et infiguratum. Et haec dicitur simpliciter prima." とある。

(6) ところで，或る種の質料は形相との複合をなしていることを知らなければならない。例えば，青銅は像に対しては質料であるが，しかし青銅それ自身は質料と形相からの複合体である。従って，青銅は質料を有しているゆえに第一質料とは言われない。他方，いかなる形相も欠如もなくむしろ形相と欠如の基体として理解されるその質料は第一質料と言われるが[24]，それはそれ自身の前には他の質料はないというこのことのためである。そして，これはまたヒュレーとも言われる[25],[b]。そして，定義はすべて，また認識もすべて形相によるのであるから，第一質料はそれ自体によっては認識されること或いは定義されることはできないが，しかし比較によって認識されること或いは定義されることができる[26]。例えば，青銅が像と形のないものに対する仕方で，すべての形相と欠如に対して関係するものが第一質料であると言われるように。そして，これが端的に第一（質料）と言われる。また，或るものは或る類に関して第一質料と言われることもできる。例えば水は液体の質料であるように[c]。しかし，それは質料と形相から複合されており，従って先立つ質料を有しているゆえに，端的に第一のものではない。

---

24) 『定期討論集　能力論』第 4 問題第 1 項主文
25) 『有と本質について』第 2 章（高桑訳，15-20頁，プリオット・日下訳，3-10頁，須藤訳，76-85頁）；『神学大全』第 1 部第 4 問題第 1 項主文（高田訳，第 1 巻79-80頁，山田訳，179頁）
26) 『自然学註解』第 1 巻第13講（Marietti 118）；『形而上学註解』第 5 巻第 2 講（Marietti 764），第 7 巻第 5 講（Marietti 1365）；『神学大全』第 1 部第34問題第 1 項異論解答 3 （高田・山田訳，第 3 巻149-150頁）；『定期討論集　真理論』第 7 問題第 8 項主文

ex materia et forma, unde habet materiam priorem[f].

(*Ibid*., §2, l. 70-89.)

(7)　Et sciendum quod materia prima, et etiam forma, non generatur neque corrumpitur, quia omnis generatio est ad aliquid ex aliquo ; id autem ex quo est generatio est materia, id ad quod est forma : si igitur materia uel forma generaretur, materie esset materia et forme forma in infinitum[g]. Vnde generatio non est nisi compositi proprie loquendo.

(*Ibid*., §2, l. 90-97)

(8)　Sciendum est etiam quod materia prima dicitur una numero in omnibus[h),11]. Sed unum numero dicitur duobus modis, scilicet quod habet unam formam determinatam in numero, sicut Sortes : et hoc modo materia prima non dicitur unum numero, cum in se non habeat aliquam formam[i]. Dicitur etiam aliquid unum numero quia est sine dispositionibus que faciunt diff erre secundum numerum : et hoc modo dicitur materia prima unum nu-

---

　　f)　Pauson 版では "Potest etiam aliquid dici materia prima respectu alicuius generis, sicut aqua est materia prima in genere liquabilium. Non tamen est prima simpliciter, quia est composita ex materia et forma ; unde habet materiam priorem." とある。

　　g)　Pauson 版では "Et sciendum est quod materia prima, et etiam forma, non generatur neque corrumpitur, quia omnis generatio est ex aliquo ad aliquid. Illud autem ex quo est generatio, est materia ; illud vero ad quod est, est forma. Si igitur materia vel forma generaretur, materiae esset materia et formae forma in infinitum." とある。

　　h)　この節においては、"una numero" と "unum numero" という語句が併記されている。Leo 版の本文において unum numero とされている箇所は、Leo 版に記載されている Ω 写本では全て una numero とされている。Marietti 版や Pauson 版はこの写本を採用し、una numero で一貫させている。しかし、ここでは、Leo 版の記述に従い、una nmero を形容詞 unus の女性形として理解し、「数的に一つ」と訳す。また、unum numero を形容詞 unus から派生した中性名詞として理解し、「数的に一つのもの」と訳す。

　　i)　Pauson 版では "Sed unum numero dicitur duobus modis : scilicet quod habet unam formam determinatam in numero, sicut Socrates. Et hoc modo materia prima non dicitur una numero, cum in se non habeat aliquam formam." とある。

(7) そして，第一質料は，そして形相もまた，生成することも消滅することもない，ということを知らなければならない。その理由は次の通りである。すなわち，あらゆる生成は或るものから或るものへとある[27]。ところで，それから生成があるところのものは質料であり，それへと生成があるところのものは形相である。したがって，もし質料ないし形相が生成するとすれば，無限に質料の質料があったことになり，また形相の形相もあったことになろう。それ故，生成は，本来的に言うならば複合体の生成以外にはない。

(8) また，第一質料はあらゆるものにおいて数的に一つである，と言われることを知らなければならない。ところで，数的に一つのものと言われるのに二様の仕方がある。すなわち（まず），数において一つの規定された形相を有つもの，例えばソクラテスであるが，この仕方では第一質料は数的に一つのものであるとは言われない。というのは，第一質料はそれ自身の内にいかなる形相も有たないからである。また或るものは，数的に区別を生じさせる諸態勢がないということから，数的に一つのものであると言われる。そして，この仕方では第一質料は数的に一つのものであると言われる。というのは，そこから数における区別が由来するところのあらゆる態勢なしに理解されるからである。

---

[27] 『形而上学註解』第12巻第3講（Marietti 2442-2443）（有働・中山訳，368頁）

mero, quia intelligitur sine omnibus dispositionibus a quibus est differentia in numero[j].   (*Ibid*., §2, l. 98–108)

(9) Et sciendum quod, licet materia non habeat in sua natura aliquam formam uel priuationem, sicut in ratione eris neque est figuratum neque infiguratum, tamen numquam denudatur a forma[12] et priuatione[13] : quandoque enim est sub una forma, quandoque sub alia[k]. Sed per se numquam potest esse, quia, cum in ratione sua non habeat aliquam formam, non habet esse in actu[14], cum esse in actu non sit nisi a forma, sed est solum in potentia ; et ideo quicquid est actu non potest dici materia prima[l].

(*Ibid*., §2, l. 109–119)

---

j) Pauson 版では "Dicitur etiam aliquid unum numero, quod est sine dispositionibus quae faciunt differe secundum numerum. Et hoc modo materia prima dicitur una numero, quia intelligitur sine omnibus dispositionibus a quibus est differentia in numero." とある。

k) Pauson 版では "Et est sciendum quod, licet materia prima non habeat in sua ratione aliquam formam vel privationem, sicut in ratione aeris neque est figuratum neque infiguratum, tamen numquam denudatur a forma et privatione. Quandoque enim est sub una forma, quandoque sub alia." とある。

l) Pauson 版では "Sed per se numquam potest esse, quia cum in ratione sua non habeat aliquam formam, non habet esse in actu, cum esse in actu non sit nisi a forma ; sed est solum in potentia. Et ideo quidquid est in actu, non potest dici materia prima." とある。

⑼　そして，ちょうど青銅という概念のうちには，形を与えられているものもなく形を与えられていないものもないように，質料はその本性の内にいかなる形相も，ないし欠如も有っていないのであるが，しかし，質料は決して形相と欠如のない丸裸の状態にならない，ということを知らなければならない[28]。というのも，ときには或る形相のもとにあり，ときには別の形相のもとにあるからである。しかし，それ自身によっては決してあることができない。なぜなら，その概念の内に何らかの形相を有つことがないゆえ現実にあることを有たず——というのも現実にあることはただ形相によるのみであるのだから——ただ可能態としてのみあるからである。それ故，現実態にあるものはいかなるものであれ，第一質料と言われることはできない。

---

[28]　『自然学註解』第1巻第13講（Marietti 113）

Caput 3

(1) Ex dictis igitur patet tria esse nature principia, scilicet materia, forma et priuatio ; sed hec non sunt sufficientia ad generationem[m]. Quod enim est in potentia non potest se reducere ad actum, sicut cuprum quod est potentia ydolum non facit se ydolum, sed indiget operante qui formam ydoli extrahat de potentia in actum[n]. Forma etiam non extraheret se de potentia in actum : et loquor de forma generati, quam diximus esse terminum generationis[o]; forma enim non est nisi in facto esse, quod autem operatur est in fieri, id est dum res fit[p]. Oportet ergo preter materiam et formam esse aliquod principium quod agat, et hoc dicitur esse efficiens, uel mouens, uel agens, uel unde est principium motus. (*Ibid*., §3, l. 1–15)

---

m) Pauson 版では "Ex dictis igitur patet tria esse principia naturae, scilicet materia, forma et privatio. Sed haec non sunt sufficientia ad generationem." とある。

n) Pauson 版では "Quod enim est in potentia, non potest se reducere ad actum ; sicut cuprum quod est in potentia idolum, non facit se idolum, sed indiget operante, qui formam idoli extrahat de potentia in actum." とある。

o) Leo 版では完了形の diximus とあるが，Leo 版記載の Φ 写本では現在形の dicimus とある。Marietti 版においてもこの写本が採用され dicimus とされているが，ここでは Leo 版の記述に従い，完了形としての訳語を当てる。トマスがここで完了形を用いたのは次の記述を念頭においてのことであると思われる。*De principiis naturae*, §1, l.47. "Et quia generatio est motus ad formam" または, *Ibid*., §2, l.1–4. "Sunt igitur tria principia nature, scilicet materia, forma et priuatio, quorum alterum, scilicet forma, est id ad quod est generatio, alia duo sunt ex parte eius ex quo est generatio."

p) Pauson 版では "Forma autem non potest se extrahere de potentia in actum. Et loquor de forma generati quam diximus esse terminum generationis. Forma enim non est nisi in facto esse ; quod autem operatur est in fieri, idest dum res fit." とある。

第 3 章
(四原因)

(1) 従って，すでに言われたところからして，三つ，すなわち質料と形相と欠如が自然の原理であることは明らかである。しかし，これらだけでは生成に対して十分ではない。というのも可能態にあるものは自らを現実態へと導き出すことができないからである[29]。例えば，可能的に像である銅は自らを像に成すことなく，像の形相を可能態から現実態へ引き出すようにはたらきかけるもの[d]を必要とするごとくである。形相もまた自らを可能態から現実態へと引き出すことなどなかったであろう。そして，私は生成されたものの形相について話しているのであるが，その形相は生成の終極であると我々はこれまで言ってきたのである（第 1 章(5)，第 2 章(1)）。つまり，形相はただ生成し終えたところにのみあるが，他方，はたらくものは生じることにおいて，すなわち事物が生じている間，あるのである[30]。したがって，質料や形相のほかに働きかける何らかの原理がなければならない。そしてこの原理は，作り出すもの，動かすもの，働きかけるもの，ないしそこから運動の始まりがあるところのものと言われる。

---

29) 『自然学註解』第 7 巻第 1 - 2 講（Marietti 885-896）
30) 『自然学註解』第 2 巻第 4 講（Marietti 194-195）；『対異教徒大全』第 1 巻第13章（酒井訳，45-64頁）

(2) Et quia, ut dicit Aristotiles in II Methaphisice[15], omne quod agit non agit nisi intendendo aliquid, oportet esse aliud quartum, id scilicet quod intenditur ab operante : et hoc dicitur finis[q]. Et sciendum quod omne agens, tam naturale quam uoluntarium, intendit finem ; non tamen sequitur quod omne agens cognoscat finem, uel deliberet de fine[r]. Cognoscere enim finem est necessarium in hiis quorum actiones non sunt determinate, sed se habent ad opposita, sicut se habent agentia uoluntaria ; et ideo oportet quod cognoscant finem per quem suas actiones determinent[s]. Sed in agentibus naturalibus sunt actiones determinate, unde non est necessarium eligere ea que sunt ad finem. (*Ibid*., §3, l.16–30)

(3) Et ponit exemplum Auicenna de citharedo quem non oportet de qualibet percussione chordarum deliberare, cum percussiones sint determinate apud ipsum : alioquin esset inter percussiones mora, quod esset absonum[t],[16]. Magis autem uidetur de operante uoluntarie quod deliberet quam de agente naturali : et ita patet per locum a maiori quod possibile est agens naturale sine deliberatione intendere finem[u]. Et hoc intendere nichil

---

q) Pauson 版では "Et quia, ut dicit ARISTOTELES in II Metaphysicae, omne quod agit non agit nisi intendendo aliquid, oportet esse aliud quartum, id scilicet quod intenditur ab operante, et hoc dicitur finis." とある。

r) Pauson 版では "Et est sciendum quod, licet omne agens tam naturale quam voluntarium intendat finem, non tamen sequitur quod omne agens cognoscat finem vel deliberet de fine." とある。

s) Pauson 版では "Cognoscere enim finem est necessarium in his, quorum actiones non sunt determinatae, sed se habent ad opposita, sicut se habent agentia voluntaria ; et ideo oportet quod cognoscant finem, per quem suas actiones determinent." とある。

t) Pauson 版では "Et ponit exemplum AVICENNA de citharedo quem non oportet de qualibet percussione chordarum deliberare, cum percussiones sint deliberatae apud ipsum ; alioquin esset inter percussiones mora, quod esset absonum." とある。

(2) そして，アリストテレスが『形而上学』第2巻で言っているように，働くところのものはすべて何かを志向することによる以外には働かないのであるから，別の第四のものがなければならない[31]。すなわち，はたらきかけるものによって志向されるところのものである。そして，これは目的と言われる。そして，働くものはすべて自然本性的なものも意志的なものも目的を志向するが，しかし働くものがすべて目的を認識する或いは目的について熟慮するとは限らないということを知らなければならない。すなわち，目的を認識することは，その働きが決定されておらずかえって反対対立するものに関係しているもの——例えば意志的な働くものがそうしたあり方をしている——において，必要である。それ故，この様な働くものは，自己の働き（行為）をそれによって決定するところの目的を認識しなければならないのである。しかし，自然本性的な働くものにおいては，働きは決定されている。それ故，目的に対してあるもの（手段）を選ぶことは必要ではない[32]。

(3) そして，アヴィセンナは，いかなる弦の振動についても熟慮する必要のないキタラ弾きについて例を挙げている。というのも，キタラ弾きは，自分ですでに振動を決定しているからである。そうでなければ，振動と振動との間に間隔が生じ，不協和音になろう。ところで，熟慮するということは自然的な作用者についてよりも意志的な行為者について，よりよく見られる。そこで，自然的な作用者は熟慮なしに目的を志向することが可能であるということは多くの事例によって明らかである。そして，この志向することは或るものへの自然本性的な傾向性をもつことに他ならなかったのである。

---

31) 『形而上学註解』第2巻第4講（Marietti 316-319），第5巻第2講（Marietti 771, 775）
32) 『神学大全』第2-1部第1問題第2項（高田・村上訳，7-11頁）

aliud erat quam habere naturalem inclinationem ad aliquid[v)].

(*Ibid*., §3, l. 31-41)

(4) Ex dicits ergo patet quod sunt quatuor cause, scilicet materialis, efficiens, formalis et finalis. Licet autem principium et causa dicantur conuertibiliter, ut dicitur in V Methaphisice[17)], tamen Aristotiles in libro Phisicorum ponit quatuor causas[18)] et tria principia[19)]. Causas autem accipit tam pro extrinsecis quam pro intrinsecis : materia et forma dicuntur intrinsece rei eo quod sunt partes constituentes rem, efficiens et finalis dicuntur extrinsece quia sunt extra rem ; sed principia accipit solum causas intrinsecas[w)]. Priuatio autem non nominatur inter causas, quia est principium per accidens, ut dictum est. Et cum dicimus quatuor causas, intelligimus de causis per se, ad quas tamen cause per accidens reducuntur, quia omne quod est per accidens reducitur ad id quod est per se[x)].

(*Ibid*., §3, l. 42-58)

(5) Sed licet principia ponat Aristotiles pro causis intrinsecis in I Phisicorum[20)], tamen, ut dicitur in XI Methaphisice[21)] principium dicitur proprie

---

u) Pauson 版では "Magis autem videtur de agente voluntarie quod deliberet quam de agente naturali, et ita patet per locum a maiori, quod si agens voluntarie, de quo magis videtur, non deliberet aliquando, ergo nec agens naturale. Ergo possibile est agens naturale sine deliberatione intendere finem" とある。

v) Pauson 版では "et hoc intendere nihil aliud est quam habere naturalem inclinationem ad aliquid." とある。

w) Pauson 版では "Causas autem accipit tam pro extrinsecis quam pro intrinsecis. Materia et forma dicuntur intrinsecae rei, eo quod sunt partes constituentes rem ; efficiens et finalis dicuntur extrinsecae, quia sunt extra rem. Sed principia accipit solum causas intrinsecas." とある。

x) Pauson 版では "Et cum dicimus quatuor causas, intelligimus de causis per se, ad quas tamen causae per accidens reducuntur, quia omne quod est per accidens, reducitur ad id quod est per se." とある。

(4) 従って，すでに述べられたところからして，四つの原因があることは明らかである。すなわち質料因，作出因，形相因，目的因である。ところで，『形而上学』第5巻で言われているように，原理と原因とは置換的に語られるのであるが[33]，しかし，アリストテレスは『自然学』の中で四つの原因と三つの原理を措定している[34]。そして，彼は原因を内在的なものとしても外的なものとしても理解している。質料と形相は事物を構成する部分であるということから，事物に内在的なものであると言われるが，作出因と目的因は事物の外にあるということから，外在的なものであると言われる。他方，彼は原理をただ内在的な原因として理解している。しかし，欠如は原因のうちに名前が挙げられてはいない。というのは，すでに述べられたように（第2章(1)），付帯的な原理だからである。そして我々が四つの原因と言うとき，我々は自体的な原因のことを念頭に置いている。しかしながら，自体的な原因へと付帯的な原因は還元されるのである。というのは付帯的にあるものはすべて，自体的にあるところのものへと還元されるからである[35]。

(5) しかし，アリストテレスは『自然学』第1巻において原理を内在的な原因として措定していながら[36]，他方で『形而上学』第11巻で言われるように[i]，原理は本来的に外在的な原因について言われ，元素は事物の部分である原因，すなわち内在的な原因について言われ，原因は両者について言われているのである[37], [j]。しかし，或る時には一方が他方の代わりに用いられるのである。というのは，原因はすべて原理と言われることができ，原理はす

---

33)　『形而上学註解』第5巻第1講（Marietti 750-762）
34)　『自然学註解』第1巻第11講（Marietti 82-97），第13講（Marietti 110-119），第2巻第5講（Marietti 176-186），第10講（Marietti 239-240），第11講（Marietti 245-247）
35)　『神学大全』第1部第28問題第2項主文（高田・山田訳，第3巻27-29頁）；『自由討論集』第9巻第3問題異論解答2
36)　『自然学註解』第1巻第13講（Marietti 110-119）
37)　『形而上学註解』第12巻第4講（Marietti 2464-2472）（有働・中山訳，382-386頁）

de causis extrinsecis, elementum de causis que sunt partes rei, id est de causis intrinsecis, causa dicitur de utrisque ; tamen aliquando unum ponitur pro altero : omnis enim causa potest dici principium et omne principium causa[y]. Sed tamen causa uidetur addere supra principium communiter dictum, quia id quod est primum, siue consequatur esse posterius siue non, potest dici principium, sicut faber dicitur principium cultelli ut ex eius operatione est esse cultelli ; sed quando aliquid mouetur de nigredine ad albedinem, dicitur quod nigrum est principium illius motus, et uniuersaliter omne id a quo incipit esse motus dicitur principium : tamen nigredo non est id ex quo consequatur esse albedo[z]. Sed causa solum dicitur de illo primo ex quo consequitur esse posterioris : unde dicitur quod causa est ex cuius esse sequitur aliud[22] ; et ideo illud primum a quo incipit esse motus non potest dici causa per se, etsi dicatur principium[a]. Et propter hoc priuatio ponitur inter principia et non inter causas, quia priuatio est id a quo incipit generatio ; sed potest etiam dici causa per accidens, in quantum concidit materie, ut supra expositum est[b].   (*Ibid*., §3, l.59–85)

---

[y] Pauson 版では "Sed licet principia ponat ARISTOTELES pro causis intrinsecis in I Physicorum, tamen, ut dicitur in XI Metaphysicae, principium proprie dicitur de causis extrinsecis, elementum de causis quae sunt partes rei, idest de causis intrinsecis. Causa autem dicitur de utrisque, licet quandoque unum ponatur pro altero ; omnis enim causa potest dici principium et omne principium causa." とある。

[z] Pauson 版では "Sed tamen causa videtur addere supra principium communiter dictum, quia id quod est primum, sive ex eo consequatur esse posterioris sive non, potest dici principium, sicut faber dicitur principium cultelli, quia ex eius operatione est esse cultelli ; sed quando aliquid movetur de nigredine ad albedinem, dicitur quod nigredo est principium illius motus, et universaliter omne id a quo incipit esse motus dicitur principium, tamen nigredo non est id ex quo consequitur esse albedinis." とある。

[a] Pauson 版では "Sed causa solum dicitur de illo primo, ex quo consequitur esse posterioris. Unde dicitur quod causa est id ex cuius esse sequitur aliud. Et ideo illud primum a quo incipit esse motus non potest dici causa per se, etsi dicatur principium." とある。

[b] Pauson 版では "Et propter hoc, privatio ponitur inter principia et non inter causas, quia privatio est id a quo incipit generatio. Sed potest etiam dici causa per accidens, inquantum coincidit cum materia, ut supra expositum est." とある。

べて原因と言われることができるからである。しかしながら，原因は原理と普通に言われるものの上に何かを付け加えるように思われる。というのも，第一（最初）であるものは，より後なる存在が結果として生じる生じないに関わらず，原理（初め）と言われることができるからである。例えば，職人は彼のはたらきから (ex) ナイフの存在があるのであるから，ナイフの原理であると言われるように。他方で何か或るものが黒から (de) 白へと変化するとき，黒であるものはその運動変化の原理（初め）であると言われ，そして，一般的にそこから運動があり始めるところのものは，すべて原理と言われるのである。とはいえ，黒はそこから (ex) 白が結果として生じるようなものではない。ところで，原因は，そこから (ex) より後なる存在が結果として生じるような第一のものについてのみ言われるのである。それゆえ，原因とはその存在から (ex) 別のものが結果として生じるところのものであると言われる[38]。それゆえ，そこから (a) 運動変化があり始めるような第一のものは，たとえ原理と言われるとしても，自体的な原因と言われることはできない。そしてこのゆえに欠如は原理の中に数えられるが，原因の中には数えられないのである。というのは，欠如はそこから生成が始まるところのものであるから。しかし，また，質料と一致する限りにおいて，付帯的な原因と言われることはできる。それは上で説明された通りである（第2章(1)）。

38）『自然学註解』第2巻第10講 (Marietti 240)

(6) Elementum uero non dicitur proprie nisi de causis ex quibus est compositio rei, que proprie sunt materiales ; et iterum non de qualibet causa materiali, sed de illa ex qua est prima compositio, sicut nec membra elementa sunt hominis, quia membra etiam sunt composita ex aliis : sed dicimus quod terra et aqua sunt elementa, quia hec non componuntur ex aliis corporibus, sed ex ipsis est prima compositio corporum naturalium[c]. Vnde Aristotiles in V Methaphisice dicit quod «elementum est id ex quo componitur res primo, et est in ea, et non diuiditur secundum formam»[23].

(*Ibid*., §3, 1. 86-98)

(7) Expositio prime particule, 'ex quo componitur res primo', patet per ea que diximus[d]. Secunda particula, scilicet 'et est in ea', ponitur ad differentiam illius materie que ex toto corrumpitur per generationem, sicut panis est materia sanguinis, sed non generatur sanguis nisi corrumpatur panis, unde panis non remanet in sanguine : unde non potest dici panis elementum sanguinis ; sed elementa oportet aliquo mode manere cum non corrumpantur, ut dicitur in libro De generatione[e],[24]. Tertia particula, scilicet 'et non diuiditur secundum formam', ponitur ad differentiam eorum scilicet

---

c) Pauson 版では "Elementum autem non dicitur proprie nisi de causis ex quibus est compositio rei, quae proprie sunt materiales. Et iterum non de qualibet causa materiali, sed de illa ex qua est prima compositio ; sicut non dicimus quod membra sunt elementa hominis, quia membra etiam componuntur ex aliis. Sed dicimus quod terra et aqua sunt elementa, quia haec non componuntur ex aliis corporibus ; sed ex ipsis est prima compositio corporum naturalium." とある。

d) Pauson 版では "Expositio primae particulae, scilicet 'ex quo componitur res primo', patet per ea quae diximus." とある。

e) Pauson 版では "Secunda particula, scilicet 'et est in ea', ponitur ad differentiam illius materiae, quae ex toto corrumpitur per generationem ; sicut panis est materia sanguinis, sed non generatur sanguis nisi corrumpatur panis ; unde panis non remanet in sanguine, et ideo non potest dici panis elementum sanguinis. Sed elementa oportet aliquomodo remanere, cum non omnino corrumpantur, ut dicitur in libro De Generatione." とある。

第3章

(6) 他方，元素は本来的には，事物の複合がそこからあるような原因，即ち，本来的に質料的であるような原因についてのみ言われる[k]。しかも，いかなる質料因についてもというのではなく，ただ第一の複合がそこからあるような質料因についてのみ言われるのである。例えば，手足は人の元素ではない。というのは，手足もまた他のものからの複合体であるから。しかし，土と水が元素である，と我々は言う。というのは，これらは他の物体から複合されてはおらず，むしろこれらの元素から自然的な物体の第一の複合があるからである。それ故，アリストテレスは『形而上学』第5巻の中で〈元素とは，そこから事物が最初に複合されるところのものである。そして，それは事物の中にあり，そして形相に従って分けられない〉と述べている[39]。

(7) 〈そこから事物が最初に複合されるところの〉という第一の句の意味は，すでに我々が述べたところから明らかである。第二の句，すなわち〈そして，それは事物の中にあり〉は，生成を通して全く消滅してしまうような質料との区別のために書き添えられている。例えばパンは血の質料であるが，血はパンが消滅しない限り決して生成しない。それ故，パンは血の中に残存しない。従って，パンは血の元素であると言われることはできない。他方，元素は『生成消滅論』の書で言われているように，消滅しないのであるから，何らかの仕方で存続しなければならない[40]。第三の句，すなわち〈そして形相に従って分けられない〉は，形相において，つまり，種において様々な部分を有つものとの区別のために書き添えられている。例えば，種的に異なっている肉と骨とがその部分であるところの手がそれ（区別されるもの）であるが，しかし，元素は種的に様々な部分に分けられない。例えば，そのいかなる部分も水である水のように。というのは，元素であるためには，それが量的に分けられない，ということは必要なく，かえって，ただ種的に分けられないのであれば十分だからである[41]。そして，もしそれ以上に

---

39) 『形而上学註解』第5巻第4講（Marietti 795-798）
40) 『諸元素の混合について』；『定期討論集　魂について』第1問題第9項異論解答10
41) 『形而上学註解』第5巻第4講（Marietti 802）

que habent partes diuersas in forma, id est in specie, sicut manus cuius partes sunt caro et ossa que differunt secundum speciem ; sed elementum non diuiditur in partes diuersas secundum speciem, sicut aqua cuius quelibet pars est aqua[f), 25)]. Non enim oportet ad esse elementi ut non diuidatur secundum quantitatem, sed sufficit si non diuidatur secundum speciem ; et si etiam non diuiditur, dicitur elementum, sicut littere dicuntur elementa dictionum[g), 26)]. Patet igitur quod principium quodammodo in plus habet se quam causa, et causa in plus quam elementum : et hoc est quod dicit Commentator in V Methaphisice[h), 27)]. (*Ibid*., §3, l. 99–123)

---

f) Pauson 版では "Tertia particula, scilicet 'et non dividitur secundum formam', ponitur ad differentiam eorum quae habent partes diversas in forma, idest in specie ; sicut manus cuius partes sunt caro et ossa, quae differunt secundum speciem. Sed elementum non dividitur in partes diversas secundum speciem, sicut aqua, cuius quaelibet pars est aqua." とある。

g) Pauson 版では "Non enim oportet ad esse elementi ut non dividatur secundum quantitatem, sed sufficit si non dividatur secundum speciem ; et si etiam nullo modo dividatur, dicitur elementum, sicut litterae dicuntur elementa dictionum." とある。

h) Pauson 版では "Patet igitur ex dictis quod principium aliquomodo est in plus quam causa, et causa in plus quam elementum ; et hoc est quod dicit COMMENTATOR in V Metaphysicae." とある。

分割されないなら，元素と言われる。例えば字母が語の元素と言われるように。従って，原理が何らかの仕方で原因以上のものであり，原因が何らかの仕方で元素以上のものであることは明らかである。そして，このことこそ註釈家[1]が『形而上学』第5巻の中で述べていたことである。

Caput 4

(1) Viso igitur quod quatuor sunt causarum genera, sciendum est quod non est impossibile quod idem habeat plures causas, ut ydolum cuius causa est cuprum et artifex, sed artifex ut efficiens, cuprum ut materia[i),28)]. Non autem est impossibile ut idem sit causa contrariorum, sicut gubernator est causa salutis nauis et submersionis, sed huius per absentiam, illius quidem per presentiam[j),29)]. *(Ibid.,* §4, l. 1–8)

(2) Sciendum est etiam quod possibile est ut aliquid idem sit causa et causatum respectu eiusdem, sed diuersimode : ut deambulatio est causa sanitatis ut efficiens, sed sanitas est causa deambulationis ut finis, deambulatio enim est aliquando propter sanitatem ; et etiam corpus est materia anime, anima uero est forma corporis[k),30)]. Efficiens enim dicitur causa respectu finis, cum finis non sit in actu nisi per operationem agentis ; sed finis dicitur causa efficientis, cum non operetur nisi per intentionem finis. Vnde efficiens est causa illius quod est finis—ut sit sanitas—, non tamen

---

　　i) Pauson 版では "Viso igitur quod quatuor sunt causarum genera, sciendum est quod non est impossibile ut idem habeat plures causas, ut idolum cuius causa est cuprum et artifex, sed artifex ut efficiens, cuprum ut materia." とある。

　　j) Pauson 版では "Non est etiam impossibile ut idem sit causa contrariorum, sicut gubernator est causa salutis navis et submersionis ; sed huius per absentiam, illius per praesentiam." とある。Marietti 版では、ここは "Sicut gubernator est causa salutis navis et submersionis, sed huius per suam absentiam, illius per suam praesentiam, ut dicit Philosophus secundo Physic." と続いている。

　　k) Pauson 版では "Sciendum est etiam quod possibile est ut idem sit causa et causatum respectu eiusdem, sed diversimode ; ut deambulatio est causa sanitatis ut efficiens, sed sanitas est causa deambulationis ut finis ; deambulatio enim est aliquando propter sanitatem. Et etiam corpus est materia animae, anima vero est forma corporis." とある。

第4章
(四原因相互の関係)

⑴　従って，四種類の原因があることを見た今，同一のものが複数の原因を有つことは不可能ではないことを知らなければならない。例えば銅と制作者がその原因である像がそうであるが，その場合，制作者は作り出すものであり，銅は質料である。ところで，同一のものが反対対立するものの原因であることも，不可能ではない。例えば，舵手は船の安全と沈没の原因であるが，後者は彼の不在により，前者は実に彼の現存によるのである[42]。

⑵　また，次のことを知らなければならない。すなわち，或るものは同一のものに関して，原因であると同時に原因から生じたものであることが可能であるが，しかし，異なった仕方である，ということである。例えば，散歩は作り出すものとして健康の原因であるが，健康は目的として散歩の原因である。というのは，散歩は時には健康のためになされるからである。そして，また，身体は魂の質料であり，他方で魂は身体の形相である。すなわち，作り出すものは目的に関して原因であると言われるが——というのも，目的は作用者の働きによってのみ現実にあるのであるから——，他方，目的は作り出すものの原因と言われる。というのも，（作り出すものは）目的の志向による以外には働かないからである[43]。それ故，作り出すものは目的であるもの——例えば健康——の原因である。しかし，作り出すものは目的が目的であるようにするわけではない。そうであるから，それは目的の原因性の原因なのではない，つまり目的をして目的的（finalis）であるようにするのではない。例えば，医者は健康が現実にあるようにするが，しかし，健康が目的であるようにするのではない。他方，目的は作り出すものの原因ではなく，

---
42)　『自然学註解』第2巻第5講（Marietti 182）
43)　『対異教徒大全』第3巻第2章

facit finem esse finem ; et ita non est causa causalitatis finis, id est non facit finem esse finalem : sicut medicus facit sanitatem esse in actu, non tamen facit quod sanitas sit finis[1]. Finis autem non est causa illius quod est efficiens, sed est causa ut efficiens sit efficiens ; sanitas enim non facit medicum esse medicum—et dico sanitatem que fit operante medico—, sed facit ut medicus sit efficiens[m]. Vnde finis est causa causalitatis efficientis, quia facit efficiens esse efficiens ; similiter facit materiam esse materiam et formam esse formam, cum materia non suscipiat formam nisi per finem, et forma non perficiat materiam nisi per finem[n]. Vnde dicitur quod finis est causa causarum[31], quia est causa causalitatis in omnibus causis.

(*Ibid*., §4, 1. 9–36)

(3) Materia enim dicitur causa forme in quantum forma non est nisi in materia ; et similiter forma est causa materie in quantum materia non habet esse in actu nisi per formam: materia enim et forma dicuntur relatiue ad inuicem, ut dicitur in II Phisicorum[32]; dicuntur enim ad compositum sicut partes ad totum et simplex ad compositum[o]. (*Ibid*., §4, 1. 37–43)

---

1) Pauson 版では "Unde efficiens est causa illius quod est finis, ut puta deambulatio ut sit sanitas, non tamen facit finem esse finem, et ideo non est causa causalitatis finis, idest non facit finem esse causam finalem ; sicut medicus facit sanitatem esse in actu, non tamen facit quod sanitas sit finis." とある。

m) Pauson 版では "Finis autem non est causa illius quod est efficiens, sed est causa ut efficiens sit efficiens. Sanitas enim non facit medicum esse medicum, et dico sanitatem quae fit operante medico, sed facit ut medicus sit efficiens." とある。

n) Pauson 版では "Unde finis est causa causalitatis efficientis, quia facit efficiens esse efficiens ; et similiter facit materiam esse materiam et formam esse formam, cum materia non suscipiat formam nisi propter finem, et forma non perficiat materiam nisi propter finem." とある。

o) Pauson 版ではそのまま節が続けられ "Materia etiam dicitur causa formae, inquantum forma non est nisi in materia ; et similiter forma est causa materiae, inquantum materia non habet esse in actu nisi per formam. Materia enim et forma dicuntur relative ad invicem, ut dicitur in II Physicorum. Dicuntur enim ad compositum sicut partes ad totum et simplex ad compositum." とある。

かえって作り出すものが作り出していることの原因である。例えば健康は，医者が医者であるようにするのではなく——そして，私は医者が働くことによって生じる健康のことを言っているのであるが——，かえって医者が働くものであるようにするのである。それ故，目的は作り出すものの原因性の原因である。なぜなら，目的は作り出すものをして作り出すものたらしめるからである[44]。同様に質料をして質料たらしめ，形相をして形相たらしめる。というのも，質料は目的によってのみ形相を受け取るのであり，形相は目的によってのみ質料を完成するからである。従って，目的は原因の中の原因であると言われる[45]。なぜなら，あらゆる原因において原因性の原因だからである。

(3) すなわち，形相がただ質料の内にのみある限りで，質料は形相の原因と言われるのであり，そして，同様に，質料が形相を通じてのみ現実にあることに与る限りで，形相は質料の原因であるのである[46]。つまり，『自然学』第2巻で述べられているように，質料と形相は相互に関係して言われるのである[47]。というのも，全体に対する部分，複合体に対する単純なもののように，複合体に対して言われるからである。

---

44) 『形而上学註解』第5巻第2講（Marietti 775）
45) 『自然学註解』第2巻第5講（Marietti 186）；『形而上学註解』第5巻第3講（Marietti 781）；『定期討論集 真理論』第28問題第7項主文；『神学大全』第1部第5問題第4項主文（高田訳，第1巻103-104頁，山田訳，205-206頁）
46) 『形而上学註解』第5巻第2講（Marietti 775）
47) 『自然学註解』第2巻第4講（Marietti 170-174），第5講（Marietti 179）

(4)　Sed quia omnis causa in quantum est causa naturaliter prior est causato, sciendum quod prius dicitur duobus modis, ut dicit Aristotiles in XVI De animalibus[33]: per quorum diuersitatem potest aliquid dici prius et posterius respectu eiusdem et causa et causatum[p]. Dicitur enim aliquid prius altero generatione et tempore, et iterum in substantia et complemento[34]. Cum ergo nature operatio procedat ab imperfecto ad perfectum et ab incompleto ad completum, imperfectum est prius perfecto secundum generationem et tempus, sed perfectum est prius in complemento : sicut potest dici quod uir est ante puerum in substantia et complemento, sed puer est ante uirum generatione et tempore[q].　　　　(*Ibid*., §4, l. 44–58)

(5)　Sed licet in rebus generabilibus imperfectum sit prius perfecto et potentia prior actu, considerando in aliquo eodem quod prius est imperfectum quam perfectum et in potentia quam in actu, simpliciter tamen loquendo oportet actum et perfectum prius esse, quia quod reducit potentiam ad actum actu est, et quod perficit imperfectum perfectum est[r],[35]. Materia quidem est prior forma generatione et tempore, prius enim est cui aduenit

---

　　p)　Pauson 版では "Sed quia omnis causa, inquantum est causa, naturaliter prior est causato, sciendum est quod prius dicitur duobus modis, ut dicit ARISTOTELES in XVI De Animalibus, per quorum diversitatem potest aliquid dici prius et posterius respectu eiusdem et causa causatum." とある。

　　q)　Pauson 版では "Cum ergo operatio naturae procedat ab imperfecto ad perfectum et ab incompleto ad completum, imperfectum est prius perfecto secundum generationem et tempus, sed perfectum est prius imperfecto substantia ; sicut potest dici quod vir est ante puerum in substantia et complemento, sed puer est ante virum in generatione et tempore." とある。

　　r)　Pauson 版ではそのまま節が続けられ "Sed, licet in rebus generabilibus imperfectum sit prius perfecto et potentia prior actu, considerando in aliquo eodem quod prius est imperfectum quam perfectum et in potentia quam in actu, simpliciter tamen loquendo oportet actum et perfectum prius esse ; quia quod reducit potentiam ad actum, actu est et quod perficit imperfectum, perfectum est." とある。

(4)　しかし，原因はすべて原因である限り，原因から生じたものよりも本性的に先であるゆえ，アリストテレスが『動物論』第16巻で述べているように[m]，より先ということは二様の仕方で言われることを知らなければならない[48]。それらの相違によって，或る何かのものは同一のものに関してより先ともより後とも，原因とも原因から生じたものとも言われうるのである。というのも，或る何かのものは他のものに生成と時間の観点でより先であると言われ，また，実体と完成体としてより先であると言われるからである。それゆえ，自然の働きは不完全なものから完全なものへと進み，未完成なものから完成されたものへと進むのであるから，不完全なものは生成と時間に従えば完全なものよりも先であるが，しかし，完全なものは完成体としてより先である。例えば，大人は実体と完成体としては子供に先んずるが，しかし，子供は生成と時間の観点からは大人に先んずると言われうるように。

(5)　ところで，生成可能な事物においては不完全なものが完全なものよりも先であり，可能態が現実態よりも先であるというのは，何か同一のものについて考えた場合，それは完全であるよりも先に不完全であり，現実態にあるよりも先ず可能態にある，ということを考慮してのことであるが，しかし，端的に語るならば，現実態と完全なものがより先でなければならない。なぜなら，可能態から現実態に導き出すものは現実にあるからであり，不完全なものを完全にするものは完全なものだからである[49]。実に質料は生成と時間の観点からは形相よりも先である[50]。というのも，到来するものよりも到来されるものの方が先だからである。他方，形相は完全性の観点からは質料よりも先である[51]。なぜなら，質料は形相によらないならば完成されたあり方に与ることはないからである。同様に，作り出すものは生成と時間の観点か

---

48)　『形而上学註解』第5巻第13講（Marietti 936-953）
49)　『形而上学註解』第9巻第7講（Marietti 1858-1849），第11講（Marietti 1882）；『対異教徒大全』第1章第28章（酒井訳，134-138頁）
50)　『形而上学註解』第7巻第2講（Marietti 1278），第9巻第7講（Marietti 1847-1848），第7巻第5講（Marietti 2494）（有働・中山訳，397頁），第6講（Marietti 2506）（有働・中山訳，406-406頁）
51)　『形而上学註解』第7巻第2講（Marietti 1278），第9巻第7-9講（Marietti 1844-1882）

quam quod aduenit ; forma uero est prior materia perfectione, quia materia non habet esse completum nisi per formam[s)]. Similiter efficiens prior est fine generatione et tempore, cum ab efficiente fiat motus ad finem ; sed finis est prior efficiente in quantum est efficiens in substantia et complemento, cum actio efficientis non compleatur nisi per finem[t)]. Igitur iste due cause, scilicet materia et efficiens, sunt prius per uiam generationis, sed forma et finis sunt prius per uiam perfectionis[u)].   (Ibid., §4, l. 59-78)

(6) Et notandum quod duplex est necessitas[36)], scilicet necessitas absoluta et necessitas conditionalis[v)]. Necessitas quidem absoluta est que procedit a causis prioribus in uia generationis, que sunt materia et efficiens, sicut necessitas mortis que prouenit ex materia et ex dispositione contrariorum componentium : et hec dicitur absoluta, quia non habet impedimentum ; hec etiam dicitur necessitas materie[w)]. Necessitas autem conditionalis procedit a causis posterioribus in generatione, scilicet a forma et fine, sicut dicimus quod necessarium est esse conceptionem si debeat generari homo ; et ista est conditionalis, quia hanc mulierem concipere non est necessarium simpliciter, sed sub conditione : si debeat generari homo[x)]. Et hec dicitur

---

   s) Pauson 版では "Materia quidem est prior forma generatione et tempore ; prius enim est cui advenit, quam quod advenit. Sed forma est prior materia in substantia et completo esse, quia materia non habet esse completum nisi per formam." とある。

   t) Pauson 版では "Similiter efficiens est prius fine generatione et tempore, cum ab efficiente fiat motus ad finem ; sed finis est prior efficiente inquantum est efficiens in substantia et complemento, cum actio efficientis non compleatur nisi per finem." とある。

   u) Pauson 版では "Igitur istae duae causae, scilicet materia et efficiens, sunt prius per viam generationis ; sed forma et finis sunt prius per viam perfectionis." とある。

   v) Pauson 版では "Et notandum quod duplex est necessitas, scilicet absoluta et conditionalis." とある。

   w) Pauson 版では "Necessitas quidem absoluta est, quae procedit a causis prioribus in via generationis, quae sunt materia et efficiens ; sicut necessitas mortis quae provenit ex materia, scilicet ex dispositione contrariorum componentium ; et haec dicitur absoluta, quia non habet impedimentum. Haec etiam dicitur necessitas materiae." とある。

らは目的より先である[52]。というのも，作り出すものによって目的への動きが生ずるからである。他方，目的は，実体でありまた完成されたものとしての作り出すものであるという限りでの作り出すものよりも先である[53]。というのも，作り出すものの働きは目的によってのみ完成するからである。従って，これら二つの原因は，つまり質料と作り出すものは，生成の道によってはより先であるが，しかし，形相と目的が完全性の道によってはより先である。

(6) そして，必然性は二様であることに注意を払わねばならない[54], [n]。すなわち，絶対的な必然性と条件的な必然性である。実に，絶対的な必然性は，生成の道においてより先なる原因から，すなわち質料と作り出すものから生じるものである。例えば，質料と反対的な構成要素の配置とから生じてくる死の必然性のように。そして，これは絶対的と言われる。というのも，妨げとなるものを有たないからである。これは，また，質料の必然性と言われる。他方，条件的な必然性は生成においてより後なる原因から，すなわち形相と目的から生じてくる。例えば，もし人が生まれるはずであれば，妊娠（の事実）のあることが必然であると我々は言うように。そして，これは条件的である。というのは，この女性が妊娠するということは端的に必然的なことではなく，むしろ，もし人が生まれるはずであればという条件の下で必然的なことであるから。そして，これは目的の必然性と言われる[55]。

---

52) 『形而上学註解』第5巻第13講 (Marietti 950-952)
53) 『形而上学註解』第1巻第4講 (Marietti 70)，第2巻第4講 (Marietti 316)，第3巻第4講 (Marietti 378)，第5巻第2講 (Marietti 775)；『自然学註解』第2巻第5講 (Marietti 182)
54) 『形而上学註解』第5巻第6講 (Marietti 827-841)；『自然学註解』第2巻第15講 (Marietti 270)；『神学大全』第1部第41問題第2項異論解答5（高田・山田訳，第3巻282-283頁），第82問題第1項主文（大鹿訳，第6巻211-212頁），『対異教徒大全』第2巻第30章第8 - 15節；『定期討論集 悪について』第5問題第5項主文；『定期討論集 真理論』第17問題第3項主文
55) 『神学大全』第1部第82問題第1項主文（大鹿訳，第6巻211-212頁）；『対異教徒大全』第2巻第30章

necessitas finis[37]. (*Ibid*., §4, l. 79-94)

(7) Et est sciendum quod tres cause possunt incidere in unum, scilicet forma, finis et efficiens, sicut patet in generatione ignis: ignis enim generat ignem, ergo ignis est causa efficiens in quantum generat ; et iterum ignis est forma in quantum facit esse actu quod prius erat potentia ; et iterum est finis in quantum est intentum ab agente et in quantum terminantur ad ipsum operationes ipsius agentis[y]. (*Ibid*., §4, l. 95-103)

(8) Sed duplex est finis, scilicet finis generationis et finis rei generate, sicut patet in generatione cultelli : forma enim cultelli est finis generationis, sed incidere quod est operatio cultelli, est finis ipsius generati, scilicet cultelli[z]. Finis autem generationis concidit ex duabus dictis causis aliquando, scilicet quando fit generatio a simili in specie, sicut homo generat hominem et oliua oliuam : quod non potest intelligi de fine rei generate[a].

---

x) Pauson 版では "Necessitas autem conditionalis procedit a causis posterioribus in generatione, scilicet a forma et fine ; sicut dicimus quod necessarium est esse conceptionem, si debeat generari homo. Et ista dicitur conditionalis, quia hanc mulierem concipere non est necessarium simpliciter, sed sub hac conditione, scilicet si debeat generari homo." とある。

y) Pauson 版では "Et est sciendum quod tres causae possunt incidere in unum, scilicet forma, finis et efficiens, sicut patet in generatione ignis. Ignis enim generat ignem, ergo ignis est causa efficiens inquantum generat ; et iterum ignis est forma inquantum facit esse actu quod prius erat potentia ; et iterum est finis inquantum est intentus ab agente et inquantum terminatur ad ipsum operatio agentis." とある。Leo 版では，この最後の一文が "intentum" の形で記載されているのに対し，Pauson 版や Marietti 版では，"intentus" と記載されている。これは Leo 版に記載されている Ω 写本にも見出される。Pauson 版や Marietti 版の編者は intentus を形容詞として理解し，主語の ignis に合わせて男性形の形にしたものと考えられる。しかし，ここでは Leo 版の記述に従い，形容詞 intentus から派生した中性名詞として理解し，「志向されているもの」と訳す。

z) Pauson 版ではそのまま節が続けられ "Sed duplex est finis, scilicet finis generationis et finis rei generatae, sicut patet in generatione cultelli ; forma enim cultelli est finis generationis, sed incidere quod est operatio cultelli, est finis ipsius generati, scilicet cultelli." とある。

(7) そして，三つの原因は一つになることが可能であることを知らなければならない[56],[o]。三つの原因とは，つまり，形相と目的と作り出すものであるが，それは例えば火の生成において明らかである。すなわち，火は火を生み出すのであり，それゆえ，火は生み出す限りにおいて作出因である。そしてまた，火は先に可能的にあったものを現実にあらしめる限りにおいて形相である。更にまた，働くものによって志向されているものである限りで，そして，同じ働くもののはたらきがそれにもたらされて終極する限りで，目的である。

(8) ところで，目的は二様である。すなわち，生成の目的と生成された事物の目的である[57]。例えば，ナイフの生成において明らかであるように。というのも，ナイフの形相は生成の目的であるが，ナイフの働きである切ることが，生成されたものの，すなわちナイフの，目的であるからである。ところで，生成の目的は，或る時には既述の二つの原因と一致する。すなわち，生成が種において似たものから生じるときである[p]。例えば，人が人を産み，オリーブがオリーブを生むように[58]。こういったことは生成された事物の目的については考えられえない。

---

56) 『形而上学註解』第7巻第6講（Marietti 1392），第8巻第4講（Marietti 1737）；『自然学註解』第2巻第11講（Marietti 242）

57) 『形而上学註解』第1巻第4講（Marietti 71）；『自然学註解』第2巻第4講（Marietti 172-173）；『神学大全』第2-1部第1問題第8項主文（高田・村上訳，第9巻29-30頁）

58) 『神学大全』第1部第4問題第2項主文，第3項主文（高田訳，第1巻83-84頁，87-89頁，山田訳，182-184頁，187-188頁），第104問題第1項主文（横山訳，第8巻31-35頁）；『定期討論集　能力論』第3問題第9項異論解答6

(*Ibid*., §4, 1. 104-113)

(9) Sciendum autem quod finis incidit cum forma in idem numero, quia illud idem in numero quod est forma generati est finis generationis[b]. Sed cum efficiente non incidit in idem numero, sed in idem specie ; impossibile est enim ut faciens et factum sint idem numero, sed possunt esse idem specie : ut quando homo generat hominem, homo generans et generatus sunt diuersa in numero, sed idem in specie[c]. Materia autem non concidit cum aliis, quia materia ex eo quod est ens in potentia, habet rationem imperfecti ; sed alie cause cum sint actu, habent rationem perfecti : perfectum autem et imperfectum non concidunt in idem[d]. (*Ibid*., §4, 1. 114-127)

---

a) Pauson 版では "Finis autem generationis coincidit cum duabus dictis causis aliquando, scilicet quando fit generatio a simili in specie ; sicut homo generat hominem et oliva olivam, quod non potest intellegi de fine rei generatae." とある。

b) Pauson 版ではそのまま節が続けられ "Sciendum tamen est quod finis incidit cum forma in idem numero, quia illud idem numero quod est forma generati, est finis generationis." とある。

c) Pauson 版では "Sed cum efficiente non incidit in idem numero, sed in idem specie. Impossibile enim est ut faciens et factum sint idem numero, sed possunt esse idem specie ; ut quando homo generat hominem, homo generans et generatus sunt diversi numero, sed idem specie." とある。

d) Pauson 版では "Materia autem non coincidit cum aliis, quia materia ex eo quod est ens in potentia, habet rationem imperfecti ; sed aliae causae, cum sint actu, habent rationem perfecti ; perfectum autem et imperfectum non coincidunt in idem." とある。

(9)　ところで，目的は数的に同一のものにおいて形相と一致することを知らなければならない。というのも，生成されたものの形相という数において同じものが生成の目的だからである[59]。他方，作り出すものとは，数的に同一のものにおいては一致しないが，しかし種的に同一のものにおいては一致する[60]。というのは，作るものと作られるものとが数的に同一であることは不可能であるが，しかし種的に同一であることは可能だからである。例えば人間が人間を生む場合，生む人間は生まれた人間とは数においては別々であるが，しかし種においては同じだからである。ところで，質料は他の原因と一致しない。なぜなら，質料はそれが可能態におけるあるもの（有）であるということから不完全なものという概念を有つが[61]，他方で他の原因は現実態においてあるゆえ完全なものの概念を有つのであり，しかも完全なものと不完全なものとは同一のものになることはないからである。

---

　59)　『形而上学註解』第7巻第6講（Marietti 1392），第8巻第4講（Marietti 1737）；『自然学註解』第2巻第11講（Marietti 242）
　60)　『形而上学註解』第7巻第6講（Marietti 1392）；『自然学註解』第2巻第11講（Marietti 242）
　61)　『形而上学註解』第5巻第3講（Marietti 779）；『自然学註解』第2巻第11講（Marietti 247）

Caput 5

(1)　Viso igitur quod sint quatuor cause, scilicet efficiens, materialis, formalis et finalis, sciendum est quod quelibet istarum causarum diuiditur multis modis. Dicitur enim aliquid causa per prius et aliquid per posterius[38]: sicut dicimus quod ars[39] et medicus sunt causa sanitatis, sed ars est causa per prius et medicus per posterius ; et similiter in causa formali et in aliis causis[e]. Et nota quod semper debemus reducere questionem ad primam causam[40] ; ut si queratur 'Quare est iste sanus?', dicendum est 'Quia medicus sanauit' ; et iterum 'Quare medicus sanauit?', 'Propter artem sanandi quam habet'[f].　　　　　　　　　　　(*Ibid*., §5, l. 1–13)

(2)　Sciendum est quod idem est dictu causa propinqua quod causa posterior, et causa remota quod causa prior ; unde iste due diuisiones causarum, alia per prius alia per posterius, et causarum alia remota alia propinqua, idem significant[g]. Hoc autem obseruandum est quod semper illud quod uniuersalius est causa remota dicitur, quod autem specialius causa propin-

---

　　e)　Pauson 版では "Dicitur enim aliquid causa per prius et aliquid per posterius, sicut dicimus quod ars et medicus sunt causa sanitatis, sed ars est causa per prius, medicus per posterius ; et similiter in causa formali et in aliis causis." とある。
　　f)　Pauson 版では "Et nota quod semper debemus reducere quaestionem ad primam causam, ut si quaeratur : quare iste est sanus? respondendum est : quia medicus sanavit ; et iterum : quare medicus sanavit ? propter artem sanandi quam habet." とある。
　　g)　Pauson 版では "Sciendum est etiam quod idem est dictu causa propinqua quod causa posterior, et causa remota quod causa prior. Unde istae duae divisiones causarum : alia per prius, alia per posterius, et causarum alia remota, alia propinqua, idem significant." とある。

第5章
(原因の種類とその区別)

(1) 従って，四つの原因が，すなわち作出因，質料因，形相因，目的因があることを見たのであるから，これらの原因のいずれもが多くの仕方で区分される，ということを知らなければならない[62]。実際，或るものはより先なる仕方での原因と言われ，また或るものはより後なる仕方での原因と言われるのである[63]。例えば，技術と医者は健康の原因である，と我々は言うが，しかし，技術はより先なる仕方での原因であり，医者はより後なる仕方での原因である。そして，形相因やその他の原因においても同様である。そして，我々は常に問いを第一原因にまで還元すべきである，ということに注意を向けなさい[64]。例えば，もし，なにゆえこの者が健康であるのか，と問われるならば，医者が治し健康にしたからである，と言うべきであり，またさらに，何ゆえに医者は治し健康にしたのか，と問われるならば，医者のもっている医療技術の故である，と言わねばならない。

(2) ことばの上で，近い原因とより後なる原因は，また，遠い原因とより先なる原因は同一である，ということを知らなければならない[65]。それゆえ，この二つの区分は，つまり，より先なる仕方の原因とより後なる仕方の原因の，そして遠い原因と近い原因の区分は，同じことを意味表示するのである。ところで，注目しなければならないことは，より普遍的なものは常に遠い原因と言われ，より特殊的なものは近い原因と言われるということである。例えば，人間の近い形相はその定義つまり可死的理性的動物であるが，〈動物〉はより遠く，また，〈実体〉はさらに遠い，と我々は言うように。と

---

[62] 『形而上学註解』第5巻第3講（Marietti 783）
[63] 『形而上学註解』第5巻第3講（Marietti 785）
[64] 『形而上学註解』第5巻第3講（Marietti 758）；『対異教徒大全』第2巻第21章，第42章
[65] 『形而上学註解』第5巻第3講（Marietti 785），第6巻第3講（Marietti 1198）

qua : sicut dicimus quod forma hominis propinqua est sua diffinitio, scilicet animal rationale mortale, sed animal est magis remota, et iterum substantia remotior est[h]. Omnia enim superiora sunt forme inferiorum. Et similiter materia ydoli propinqua est cuprum, sed remota est metallum, et iterum remotius corpus[i],[41].   (*Ibid*., §5, l. 14-28)

(3) Item causarum alia est per se, alia per accidens[42]. Causa per se dicitur causa alicuius rei in quantum huiusmodi, sicut edificator est causa domus et lignum materia scamni[j]. Causa per accidens est illa que accidit cause per se, sicut cum dicimus 'Gramaticus edificat' ; grammaticus enim dicitur causa edificationis per accidens, non enim in quantum grammaticus sed in quantum accidit edificatori[k]. Et similiter est in aliis causis[l],[43].

(*Ibid*., §5, l. 29-37)

(4) Item causarum quedam est simplex et quedam composita. Simplex causa dicitur quando solum dicitur causa illud quod per se est causa, uel etiam solum illud quod est per accidens : sicut si dicamus edificatorem esse causam domus, et similiter si dicamus medicum esse causam domus[m]. Composita autem dicitur quando utrumque dicitur causa, ut si dicamus

---

h) Pauson 版では "Hoc autem observandum est quod semper illud quod universalius est, causa remota dicitur ; quod autem specialius, causa propinqua ; sicut dicimus quod forma hominis propinqua est sua definitio, scilicet animal rationale mortale ; sed animal est magis remota et iterum substantia remotior." とある。

i) Pauson 版では "Et similiter materia idoli propinqua est cuprum, sed remota est metallum, et iterum remotior corpus." とある。

j) Pauson 版では "Causa per se dicitur, quae est causa alicuius rei inquantum huiusmodi ; sicut aedificator est causa domus et lignum materia scamni." とある。

k) Pauson 版では "Causa per accidens dicitur illa quae accidit causae per se, sicut cum dicimus quod grammaticus aedificat. Grammaticus enim dicitur causa aedificationis per accidens, non enim inquantum grammaticus, sed inquantum aedificatori accidit quod sit grammaticus." とある。

l) Pauson 版では "Item causarum quaedam est simplex, quaedam composita." とある。

いうのも，より上位のものはすべてより下位のものの形相だからである。そして，同様にして像の近い質料は銅であるが，しかし遠いものは金属であり，またさらに遠いものは物体である。

(3) また，原因のうちで自体的なものと付帯的なものは別である[66]。自体的な原因は，或る事物の，それである限りでの原因と言われる。例えば，建築家は家の原因であり，木は寝椅子の質料である場合がそれである[67]。付帯的な原因とは，自体的な原因に付帯する原因である。例えば，〈文法家が建築する〉と我々が言う場合のように。というのは，文法家は付帯的に（たまたま）建築の原因と言われるが，それは文法家である限りにおいてではなく，むしろ，建築家に付帯する限りにおいてだからである。そして，他の原因においても同様である。

(4) また，原因のうちで或るものは単純であり，或るものは複合的である[68]。単純な原因と言われるのは，自体的に原因であるもののみが原因と言われる場合，或いはまた，付帯的に（原因で）あるもののみが（原因と）言われる場合である。例えば仮に，建築家が家の原因である，と我々が言う場合であり，また同様の仕方で仮に，医者が家の原因である，と我々が言う場合である。他方，複合的な原因と言われるのは，両者がともに原因と言われる場合である。例えば仮に，建築家である医者が家の原因である，と我々が言う場合のように。また，単純な原因は，アヴィセンナが解説しているように，他のものとの結合なしに原因であるもの，と言われることができる。例えば，像の銅のように。というのも他の質料との結合なしに銅から像が生じ

---

66) 『形而上学註解』第5巻第3講（Marietti 783-784）；『自然学註解』第2巻第6講（Marietti 187-190）；『定期討論集　能力論』第3問題第6項異論解答6
67) 『定期討論集　能力論』第7問題第7項主文
68) 『形而上学註解』第5巻第3講（Marietti 792-793）；『自然学註解』第2巻第6講（Marietti 193）

50   Caput 5

'edificator medicus est causa domus'[44]. Potest etiam dici causa simplex, secundum quod exponit Auicenna[45], illud quod sine adiunctione alterius est causa, sicut cuprum ydoli, sine adiunctione enim alterius materie ex cupro fit ydolum ; et sicut dicitur quod medicus facit sanitatem, uel quod ignis calefacit[n]. Composita autem causa est quando oportet plura aduenire ad hoc quod sit causa, sicut unus homo non est causa motus nauis, sed multi ; et sicut unus lapis non est materia domus, sed multi[o].

(*Ibid.*, §5, l. 38-55)

(5) Item causarum quedam est actu, quedam potentia. Causa in actu est que actu causat rem, sicut edificator cum edificat, uel cuprum cum ex eo est ydolum ; causa autem in potentia est que, licet non causet rem in actu, tamen potest causare, ut edificator dum non edificat[p],[46]. Et sciendum quod loquendo de causis in actu, necessarium est causam et causatum simul esse, ita quod si unum sit, et alterum : si enim est edificator in actu, oportet quod edificet, et si sit edificatio in actu, oportet quod sit edificator in actu. Sed hoc non est necessarium in causis que sunt solum in potentia[q].

(*Ibid.*, §5, l. 56-68)

---

　m) Pauson 版では "Simplex causa dicitur quando solum dicitur causa illud quod per se est causa, vel etiam solum illud quod est per accidens ; sicut si dicamus aedificatorem esse causam domus, et similiter si dicamus medicum esse causam domus." とある。

　n) Pauson 版では "Potest etiam dici causa simplex, secundum quod exponit AVICENNA : illud quod sine adiunctione alterius est causa, sicut cuprum idoli ; –sine adiunctione enim alterius materiae ex cupro fit idolum– et sicut dicitur quod medicus facit sanitatem vel quod ignis calefacit." とある。

　o) Pauson 版では "Composita autem causa dicitur quando oportet plura advenire ad hoc quod sit causa ; sicut unus homo non est causa motus navis, sed multi, et sicut unus lapis non est materia domus, sed multi." とある。

　p) Pauson 版では "Causa in actu est quae actu causat rem, sicut aedificator cum aedificat, vel cuprum, cum ex eo est idolum. Causa in potentia est quae, licet non causet rem in actu, potest tamen causare, sicut aedificator dum non aedificat." とある。

るのであるから。また例えば，医者が健康を作る，或いは火が熱する，と言われるように。他方で，複合的な原因は，原因となるために複数のものが寄り集まらなければならない場合である。例えば，一人の人間が船の運行の原因であるのではなく，むしろ多数の人間が原因であるように。また，一つの石が家の質料（素材）であるのではなく，むしろ多数の石が質料（素材）であるように。

(5) さらにまた，原因のうちで或るものは現実にあり，或るものは可能性としてある[69]。現実態における原因は，実在するもの（res）を現実に生じさせるものである。例えば建築中の建築家のように，或いは銅像が銅からできている場合の銅のように。他方，可能態における原因は，現実に事物を生じさせていないが，しかし，生じさせる可能性を有している。例えば，建築していない間の建築家のように。そして，現実態における原因について語るならば，原因と原因から生じたものは同時にあることが，つまり一方があれば他方もあることが必然である，ということを知らなければならない。例えば，もし現実態における建築家がいるならば，建築していなければならないのであり，また，もし現実態における建築することがあるとすれば，現実態における建築家がいなければならないのである。しかし，これはただ可能態にのみある原因においては必然的なことではない。

---

69) 『形而上学註解』第5巻第3講（Marietti 790-791）；『自然学註解』第2巻第6講（Marietti 191）

(6) Sciendum est autem quod causa uniuersalis comparatur causato uniuersali[47], causa uero singularis comparatur causato singulari : sicut dicimus quod edificator est causa domus, et hic edificator huius domus[r].

(*Ibid*., §5, l. 69–73)

---

q) Pauson 版では "Et sciendum quod loquendo de causis in actu, necessarium est causam et causatum simul esse, ita quod si unum sit et alterum. Si enim sit aedificator in actu, oportet quod aedificet ; et si sit aedificatio in actu, oportet quod sit aedificator in actu. Sed hoc non est necessarium in causis, quae sunt solum in potentia." とある。

r) Pauson 版ではそのまま節が続いており "Sciendum est autem quod causa universalis comparatur causato universali, causa vero singularis comparatur causato singulari ; sicut dicimus quod aedificator est causa domus, et hic aedificator huius domus." とある。

(6) ところで，普遍的な原因は原因から生じた普遍的なものに関係づけられ，他方，個別的な原因は原因から生じた個別的なものに関係づけられることを知らなければならない[70]。例えば我々は，建築家は家の原因である，そして，この建築家はこの家の原因である，と言うようにである。

---

70) 『形而上学註解』第5巻第3講 (Marietti 791);『自然学註解』第2巻第6講 (Marietti 197)

Caput 6

(1) Sciendum est etiam quod loquendo de principiis intrinsecis, scilicet materia et forma, secundum conuenientiam principiatorum et differentiam est conuenientia et differentia principiorum[s),48)]. Quedam enim sunt idem numero, sicut Sortes et 'hic homo' demonstrato Sorte ; quedam sunt diuersa numero et sunt idem in specie, ut Sortes et Plato, qui licet conueniant in specie humana, tamen differunt numero[t)]. Quedam autem differunt specie sed sunt idem genere, sicut homo et asinus conueniunt in genere animalis ; quedam autem sunt diuersa in genere sed sunt idem solum secundum analogiam, sicut substantia et quantitas, que non conueniunt in aliquo genere sed conueniunt solum secundum analogiam : conueniunt enim in eo solum quod est ens, ens autem non est genus, quia non predicatur uniuoce sed analogice[u)]. (*Ibid*., §6, l. 1–18)

(2) Ad huius intelligentiam sciendum est quod tripliciter aliquid predicatur

---

　　s) Pauson 版では "Sciendum est etiam quod loquendo de principiis intrinsecis, scilicet materia et forma, secundum convenientiam et differentiam principiatorum est convenientia et differentia principiorum." とある。

　　t) Pauson 版では "Quaedam enim sunt idem numero sicut Socrates et hic homo, demonstrato Socrate. Quaedam sunt diversa numero, sed idem in specie, sicut Socrates et Plato, qui, licet conveniant in specie humana, differunt tamen numero." とある。

　　u) Pauson 版では "Quaedam autem differunt specie, sed sunt idem genere ; sicut homo et asinus conveniunt in genere animalis. Quaedam autem sunt diversa in genere, sed sunt idem solum secundum analogiam ; sicut substantia et quantitas, quae non conveniunt in aliquo genere, sed conveniunt solum secundum analogiam. Conveniunt enim solum in eo quod est ens ; ens autem non est genus, quia non praedicatur univoce, sed analogice." とある。

第6章

(アナロギア：原理の一致と不一致)

(1) また，内在的な原理，すなわち質料と形相について語るならば，原理から生じたものの一致と不一致に従って原理の一致と不一致がある，ということを知らなければならない。すなわち，或るものは数的に同一である。例えば，ソクラテスが「この人」と指し示されたソクラテスと数的に同一であるように，また或るものは，数的に異なり種的に同一である。例えばソクラテスとプラトンのように。彼らは，人間という種において一致するが，数的に異なっている。ところで或るものは，種的に異なっているが，類的には同一である。例えば，人間とロバが動物という類において一致するように。ところで或るものは，類的には相違するが，しかしただアナロギアにのみ従えば同一である。例えば，実体と量がそれであるが，それらは，或る類において一致するのではなく，ただアナロギアにのみ従って一致するのである。つまり，あるもの（有）であるということにおいてのみ一致するのであるが，あるもの（有）は類ではない。というのも，あるものは同名同義的にではなく，アナロギア的に述語されるからである[71),q)]。

(2) こうしたことを理解するために，或るものは，複数のものについて三様の仕方で述語されることを知らなければならない[72)]。同名同義的，同名異義的，そしてアナロギア的仕方である。同名同義的に述語されるとは，同一の名称に従い，同一の概念に従って，すなわち定義に従って述語されることである[73)]。例えば，動物は人間とロバについて述語される。というのも，両者はともに動物と言われるからである。そして，両者はともに可感的で魂の有る実体であり，それは動物の定義である。同名異義的に述語されるとは，或

---

71) 『形而上学註解』第5巻第8講（Marietti 876-879）
72) 『形而上学註解』第4巻第1講（Marietti 535-536）
73) 『神学大全』第2－1部第12問題第1項主文（高田・村上訳，第9巻257頁）；『定期討論集　真理論』第13問題第3項主文；『対異教徒大全』第1巻第55章（酒井訳，239-242頁）

de pluribus[49] : uniuoce, equiuoce et analogice. Vniuoce predicatur quod predicatur secundum idem nomen et secundum rationem eandem, id est diffinitionem, sicut animal predicatur de homine et de asino : utrumque enim dicitur animal, et utrumque est substantia animata sensibilis, quod est diffinitio animalis[v]. Equiuoce predicatur quod predicatur de aliquibus secundum idem nomen et secundum diuersam rationem, sicut canis dicitur de latrabili et de celesti[50], que conueniunt solum in nomine et non in diffinitione siue significatione ; id enim quod significatur per nomen est diffinitio, sicut dicitur in IV Methaphisice[51]. Analogice dicitur predicari quod predicatur de pluribus quorum rationes diuerse sunt, sed attribuuntur uni alicui eidem, sicut sanum dicitur de corpore animalis et de urina et de potione, sed non ex toto idem significat in omnibus : dicitur enim de urina ut de signo sanitatis, de corpore ut de subiecto, de potione ut de causa[w]. Sed tamen omnes iste rationes attribuuntur uni fini, scilicet sanitati[52].

(*Ibid*., §6, l. 19–41)

(3) Aliquando enim ea que conueniunt secundum analogiam, id est in proportione uel comparatione uel conuenientia, attribuuntur uni fini, sicut patet in predicto exemplo ; aliquando uni agenti, sicut medicus dicitur et de eo qui operatur per artem et de eo qui operatur sine arte, ut uetula, et etiam de instrumentis, sed per attributionem ad unum agens quod est medicina ; aliquando autem per attributionem ad unum subiectum, sicut ens dicitur de

---

v) Pauson 版では "Univoce praedicatur quod praedicatur secundum idem nomen et secundum eamdem rationem, idest definitionem, sicut animal praedicatur de homine et de asino. Utrumque enim dicitur animal, et utrumque est substantia animata sensibilis, quod est definitio animalis." とある。

w) Pauson 版では "Analogice dicitur praedicari quod praedicatur de pluribus, quorum rationes diversae sunt, sed attribuuntur alicui uni eidem, sicut sanum dicitur de corpore animalis et de urina et de potione, sed non ex toto idem significat in omnibus. Dicitur enim de urina ut de signo sanitatis, de corpore ut de subiecto, de potione ut de causa." とある。

るものについて同一の名称に従い，異なる概念に従って述語されることである。例えば，犬は吠えるものについて，そして星座についても言われるが，それらはただ名称において一致し，定義あるいは意味表示においては一致しないように。というのも，『形而上学』第4巻で言われているように，名称によって意味表示されるものは定義だからである[74]。アナロギア的に述語されると言われるのは，その概念は異なるが，しかし何か或る一つの同じものに帰属させられるところの複数のものについて述語されることである[75]。例えば，健康なものは，動物の身体と尿と医薬について言われるが，しかし，すべてにおいて全く同一のことを意味表示するのではないように。というのも，尿については健康の徴として，身体については（健康の）基体として，医薬については（健康の）原因として言われるからである。しかしながら，これらすべての概念は一つの目的に，つまり健康に，帰属させられるのである[76),r)]。

(3) 実にアナロギアに従って，すなわち比例や比較や一致において[s)]，一致するものは，或る場合には一つの目的に帰属させられる。それは，上述の例において明らかな如くである。（また）或る場合には，一つの働くものに帰属させられる。例えば，医療的とは技術によってはたらきをなすものについても，高齢の女性のように技術無しにはたらきをなすものについても[t)]，また道具についても言われるのであるが，しかしそれは，治療するものたる一つの働くものへの帰属によるのである。また，或る場合には，一つの基体へ

　74）『形而上学註解』第4巻第16講（Marietti 731-733）
　75）『命題集註解』第1巻第19区分第5問題第2項異論解答1；『定期討論集　真理論』第2問題第11項主文
　76）『神学大全』第1部第13問題第5項主文，第10項主文（高田訳，第1巻278-280, 304-305頁）；『命題集註解』第1巻第35区分第1問題第4項；『定期討論集　能力論』第7問題第7項；『対異教徒大全』第1巻第32-34章（酒井訳150-159頁）

substantia, de qualitate et quantitate et aliis predicamentis : non enim ex toto est eadem ratio qua substantia est ens et quantitas et alia, sed omnia dicuntur ex eo quod attribuuntur substantie, quod est subiectum aliorum[x]. Et ideo ens dicitur per prius de substantia et per posterius de aliis ; et ideo ens non est genus substantie et quantitatis, quia nullum genus predicatur per prius et posterius de suis speciebus, sed predicatur analogice. Et hoc est quod diximus, quod substantia et quantitas differunt genere sed sunt idem analogia[y].   (*Ibid*., §6, l. 42–62)

(4)　Eorum igitur que sunt idem numero, forma et materia sunt idem numero[53], ut Tullii et Ciceronis ; eorum autem que sunt idem in specie, diuersa numero, etiam materia et forma non est eadem numero sed specie, sicut Sortis et Platonis[z]. Et similiter eorum que sunt idem genere, et principia sunt idem genere, ut anima et corpus asini et equi differunt specie, sed sunt idem genere[a],[54]. Et similiter eorum que conueniunt secundum

---

　　　x)　Pauson 版ではそのまま節が続けられ "Aliquando enim ea quae conveniunt secundum analogiam, idest in proportione vel comparatione vel convenientia, attribuuntur uni fini, sicut patet in praedicto exemplo ; aliquando uni agenti, sicut medicus dicitur et de eo qui operatur per artem et de eo qui operatur sine arte, ut vetula, et etiam de instrumentis, sed per attributionem ad unum agens quod est medicina. Aliquando autem per attributionem ad unum subiectum, sicut ens dicitur de substantia et de quantitate et qualitate et aliis praedicamentis. Non enim ex toto est eadem ratio qua substantia est ens et quantitas et alia ; sed omnia dicuntur ens ex eo quod attribuuntur substantiae, quae quidem est subiectum aliorum." とある。

　　　y)　Pauson 版では "Et hoc est quod diximus quod substantia et quantitas differunt genere, sed sunt idem secundum analogiam." とある。

　　　z)　Pauson 版では "Eorum igitur quae sunt idem numero, et forma et materia sunt idem numero, sicut Tullii et Ciceronis. Eorum autem quae sunt idem specie, sed diversa numero, etiam materia et forma non est eadem numero, sed specie, sicut Socratis et Platonis." とある。

　　　a)　Pauson 版では "Et similiter eorum quae sunt idem genere, et principia sunt idem genere ; ut anima et corpus asini et equi differunt specie, sed sunt idem genere." とある。

の帰属による。例えば，あるもの（有）は実体についても質や量やその他の範疇についても言われるように。というのも，実体があるものである場合と，量やその他の範疇があるものである場合の意味は，全く同じであるのでなく，むしろ，（実体以外の）すべては実体に，つまり実体以外のものの基体であるところの実体に帰属させられることから，（あるものと）言われるからである。それゆえ，あるものは，より先なる仕方で実体について言われ，より後なる仕方で他のものについて言われるのである。従って，あるものは，実体や量の類ではない。というのは，いかなる類もその種について，より先，より後という仕方で述語されるのではなく，むしろアナロギア的に述語されるからである。そして，これは，実体と量は類的に異なるが，アナロギアによって同一である，と我々が言ったことである。

(4) 従って，数的に同一であるものの形相と質料は，数的に同一である[77]。例えば，トゥリウスとキケロの形相と質料のように[u]。ところで，種において同一であり数的に異なっているものについては，それらの質料と形相もまた数的に同一ではないが，種的には同一である。例えば，ソクラテスとプラトンの質料と形相のように。そして同様に，類的に同一であるものについては，それらのものの原理もまた類的に同一である。例えば，ロバと馬とが有っている魂と身体は種的に異なるが，しかし類的に同一であるように。そしてまた同様に，アナロギアに従ってのみ一致するものについては，それらのものの原理は，ただアナロギアに従って，或いは比例に従ってのみ同一である。実際，質料と形相と欠如，或いは可能態と現実態は実体と他の類の原理であるが，しかし，実体と量の質料は，また同様に形相と欠如は，類的に異なり，ただ以下のように，比例に従ってのみ一致する。つまり，例えば，実体の質料が質料の概念における実体に対してあるように，量の質料は量に対してあるのである。しかし，実体が他のものの原因であるように，実体の原理はその他のすべてのものの原理である[78]。

---

77) 『形而上学註解』第12巻第4講（Marietti 2477-2483）（有働・中山訳，387-390頁）
78) 『形而上学註解』第12巻第4講（Marietti 2484-2487）（有働・中山訳，391頁）

analogiam tantum, principia sunt eadem secundum analogiam tantum siue proportionem[b]. Materia enim et forma et priuatio, siue potentia et actus, sunt principia substantie et aliorum generum ; tamen materia substantie et quantitatis, et similiter forma et priuatio, differunt genere, sed conueniunt solum secundum proportionem in hoc quod, sicut se habet materia substantie ad substantiam in ratione materie, ita se habet materia quantitatis ad quantitatem[c]. Sicut tamen substantia est causa ceterorum, ita principia substantie sunt principia omnium aliorum. (*Ibid*., §6, l. 63-83)

---

　　b) Pauson 版では "Et similiter eorum quae conveniunt secundum analogiam tantum, principia sunt eadem secundum analogiam tantum, sive proportionem." とある。
　　c) Pauson 版では "Materia enim et forma et privatio, sive potentia et actus, sunt principia substantiae et aliorum generum. Tamen materia substantiae et quantitatis, et similiter forma et privatio, differunt genere, sed conveniunt solum secundum proportionem in hoc quod, sicut se habet materia substantiae ad substantiam in ratione materiae, ita se habet materia quantitatis ad quantitatem." とある。

原典関連註

1) Averroes, *In V Metaph*., comm. 9. (ed. R. Ponzalli. [Berna : Edizioni Franche, 1971] p. 206, ll. 29–32) "materia ex qua dicitur aliquid esse forte est prima materia, quae est tamquam genus altissimum, et forte est propinqua materia, quae habet ultimum formam in generatione, scilicet quae recipit ultimam formam."

2) Averroes, *In II* De anima, c. 1, t. 2, 4, 7, 8 (fol. 40r–43v.) [Marietti 版 p. 121, n. 1]

3) 「形相が質料に〈あること〉を与える（forma dat esse materiae）」，或いは「〈あること〉は形相に付随する（esse consequitur ad formam）」といった表現は，13世紀の哲学者・神学者の著作に共通して見られる，或る種の定式である。例えば，こうした表現を用いる哲学者・神学者として以下を参照。Alexander de Hales, *S.T*., P. I, Inq. I, tract. II, q. 3；Bonaventura, *In I Sent*., d. 37, p. 2, dub. 4；Thomas de Eboraco, *Sapientiale*, III, c. 4；Aegidius, *Theoremata de esse et essentia*, 8；Iohannes Peckham, *Quodlibet*, L. 4, q. 1, ad 1.

　　現代の中世哲学史家らは，これらの表現を様々な人物に帰しており，その理解は一定していない。例えば，M. Murray はこの表現を12世紀にスペインで活躍した神学者であるドミニクス・グンディサリヌスの『一性と一なるものについて（De unitate et uno）』に帰している。[Murray] p. 49, n. 9. "These formulae : form gives existence, existence flows from the form, etc., are frequently found in all the scholastic writers of the 13th century. This usage goes back to Gundisalvi. In his *De Unitate et Uno* we read 'Esse est existentiae forma cum materia.' The *De Unitate*. of Gundisalvi was often attributed to Boethius, which helped to promote the usage. Those who, along with St. Thomas deny that this work belongs to Boethius, see no reason, however, for not accepting the terminology. It is similar to the formulae found in Aristotle, and above all it has basis in Boethius in whom we can find : 'Omne namque esse a forma est' *De Trinitate*, I, c. 2, P. L., t. 64, col. 1250B. " また，L. Dewan はこの表現の起源をアヴィケブロンの『生命の泉（Fons Vitae）』の中に見出している。[Dewan] p. 178, n. 9. 更に Leo 版の編者によれば，この表現はアヴェロエスに由来するものとされている。Averroes, *In IX Metaph*., comm. 16. "materia…habet esse quia habet formam" (fol. 113 vb48). [Leo 版 p. 39]

4) Vetus transl. *Phys*., I, c. 12, 190a32. "Simpliciter autem fieri substantiarum est solum, secundum quid fieri quidem alia." (cod. Vat. Urb. 206, fol. 11r)（出・岩崎訳『自然学』第1巻33頁）また，アヴェロエスの『自然学註解』や『生成消滅論註解』の中にも次のような記述が見出される。"generatio aliqua, non generatio simpliciter" Averroes, *In V Phys*., comm. 7 ; *In I Gener. et corru*., comm. 11 et 20. [Leo 版 p. 39]

Averroes, *In I Gener. et corru*., comm. 20. (recensvit F. Howard Fobes. [Cambridge, Mass : Medieval Academy of America, 1956] p. 31, ll. 15–22) "Causa autem propter quam diximus quod transmutatio quarundam substantiarum est generatio simplex et transmutatio quarundam est aliqua generatio, non est causa propter quam diximus quod transmutatio in substantiam est generaio simplex et quod transmutatio ex ea est corruptio simplex, et propter quam diximus quod transmutatio in aliis predicamentis est generatio aliqua et corruptio aliqua."

5) Aristoteles, *Phys*., I, c. 12, 189b30（出・岩崎訳『自然学』第1巻30-31頁）; Averroes, *In I Phys*., comm. 57–64. [Leo 版 p. 40]

6) Averroes, *In I Phys*., comm. 66. [Leo 版 p. 40]

7) Averroes, *In I Phys*., comm. 74. "Declaratum est quod priuatio est principium generationis per accidens et quod est necessarium in generatione, scilicet secundum quod accidit subiecto ex quo est generatio." (fol. 21 ra 10–13) [Leo 版 p. 40]

8) Averroes, *In I Phys*., comm. 28. "Accidens enim inuenitur duobus modis, aut separatum … aut non separatum." (fol. 10 ra 24–26). [Leo 版 p. 40]

9) Aristoteles, *Phys*., I, c. 13, 191a8（出・岩崎訳『自然学』第1巻35-36頁）; Scoto interpr. "Natura autem subiecta cognoscitur per comparationem sicut est comparatio cupri ad ydolum." (text. 67 ; fol. 21 vb21) ; Averroes, *In XI (=XII) Metaph*., comm14. "Dicit in primo *Physicorum* quod prima materia non intelligitur nisi secundum comparationem" (fol. 141 va41). [Leo 版 p. 41]

10) Averroes, *In V Metaph*., comm. 5. (ed. R. Ponzalli. [Berna : Edizioni Franche, 1971] p. 96, ll. 108–114.) "Et materia dicitur duobus modis : dicitur enim materia prima communis omnibus, et dicitur etiam materia propria unicuique enti. Deinde dedit exemplum, et dixit : Sicut res factae ex cupro, etc., idest : et materia propinqua quae dicitur esse prima in respectu alicuius generis aut alicuius speciei est sicut cuprum ad omnia facta ex eo. Et materia quae est prima in rei veritate ad omnia facta ex cupro est aqua, si aqua est prima materia liquabilium, quorum cu-

prum est unum."

11) Averroes, *In I Phys*., comm. 63 (fol. 18 va68) et *In XI (=XII) Metaph*., comm. 14 (fol. 141 va60 sqq.). [Leo 版 p. 41]

12) Averroes, *In I Phys*., comm. 76 et *In II Phys*., comm. 12 et *In II De anima*, comm. 4 (lin. 39). "subiectum autem forme non habet esse in actu, secundum quod est subiectum, nisi per formam, et indiget forma ut sit in actu ; et maxime primum subiectum, quod non denudatur a forma omnino." [Leo 版 p. 41]

13) Averroes, *In I Phys*., comm. 66. [Leo 版 p. 41]

14) Averroes, *In II De anima*, comm. 8 (lin. 98). "Materia enim nullum habet esse in actu in corporibus naturalibus secundum quod est materia, et esse non est in actu nisi forme." [Leo 版 p. 41]

15) Aristoteles, *Metaph*., II, c. 2, 994b8–15 et V, c. 2, 1013a33–34（出訳『形而上学』第2巻56頁，第5巻133頁）; Scoto interpr., "nichil incepit agere…non intendendo finem." (ed. Averroes, text. 8.) [Leo 版 p. 42, Marietti 版 p. 123, n. 2]

Aristoteles, *Metaph*., II, t. 8–9, 994b9–16 (Paris, Nat. lat. 15453, fol. 268rb) "Et etiam illud quod est propter quid fiunt res est finis. Et hoc est cuius esse non est propter aliud consequens, sed esse aliorum est propter illud. Necesse est igitur, si aliquid sit tale, ut ultimum non *in <lege* sit> infinitum. Si igitur nihil fuerit tale, non erit illud propter quid fiunt caetera. Et illi qui faciunt causas infinitas destruunt naturam boni, et non percipiunt quamvis nihil incepit agere aliquam actionem quamcumque non intendendo finem.

Et cum hoc etiam, secundum quod dicitur, non est intellectus in entibus. Habens enim intellectum non agit illud quod agit nisi propter aliquam rem quae est ultimum actionis. Ultimum enim est finis ad quem intenditur." [Pauson 版 p. 87, n. 1]

16) Avicenna, *Sufficientia*, I, c. 14 (Venet. 1508, f0l. 22 b, I–J). [Leo 版 p. 42, Marietti 版 p. 123, n. 3]

Avicenna *Phys*., II c. 10 (Paris, Nat. lat. 6443, fol. 53rb–va = Venet. 1508, J& K, *Suffic*. I, c. 14, fol. 22ra–rb) "Sed quid significat nobis quod res naturales sunt propter finem? Hoc est quod quando sentimus impediri aut debilitari naturam, adiuvamus eam arte, sicut physicus facit qui scit quod, cum removetur contrarium vel adiuvatur virtus, natura perficit ad sanitatem et ad bonum. Et quamvis natura careat discretione, non tamen idcirco debet iudicari quod opus quod ex ea procedit non tendat ad finem, quia discretio non est ut faciat opus habere finem, sed ut assignet opus quod potius debeat eligi inter caetera opera ex quibus possibile est illud eligi unumquodque quorum habet finem proprium sibi ipsi, ut discretio est propter designandum opus, non propter faciendum illi finem. Si anima esset immunis ab omnibus affectionibus diversis et a succedentibus desideriis, non procederet ex ea nisi una actio uniformis quae semper secundum unum ordinem discurreret sine deliberatione. Si autem hoc per aliud probare volueris, attende dispositionem horum artificiorum. Non enim dubitamus quin artificium fiat propter finem quia artificium, cum conversum fuerit in habitum, non erit opus deliberatione ad exercendum illud. Immo, e contrario, continget quia, si deliberationem ibi adhibuerit, turbabitur peritissimus et hebetabitur in agendo quod solebat. Sicut qui scribit aut qui tangit cytharam, si incipit discernere unamquamque litterarum aut unumquodque tonorum et voluerit scire numerum eorum, hebetabitur et impedietur et non procedit suo ordine in singulis quae incipit agere nisi in eo quod facit sine deliberatione. Quamvis initium illius operis et appetitus non fuerit nisi ex deliberatione, sed exercere illud primum in principio est sine deliberatione. Similiter est cum aliquis labens subito adheret ad aliquid ne cadat, et cum frequenter recurrit manus ad scalpendum membrum pruriens sine cogitatu et deliberatione ita quod formam eius quod agit non habuerit prius in imaginatione. Et quod est clarius hoc est, scilicet quod virtus animalis cum moverit membrum manifestum est quod eligit ad movendum et cognoscit quod movet. Non movet illud per se ipsam nec sine medio quia quod movet proprie caro est et lacerti ; et motus membri sequitur hoc. Et anima non percipit quod carnem moveat, quamvis haec actio est voluntaria et prima." [Pauson 版 p. 88, n. 1]

17） Aristoteles, *Metaph*., V, c. 1, 1013a17（出訳『形而上学』第5巻132頁）. [Leo 版 p. 42, Marietti 版 p. 124, n. 1]

Aristoteles, *Metaph*., V. t. 1, 1013a14–21 (Paris, Nat. lat. 15453, fol. 291va) "Et dicitur <principium> etiam illud ex quo res scitur primo, v.g. propositiones in demonstratione. Et similiter dicuntur causae etiam ; omnes enim causae sunt principia. Et omnia principia habent aliquid commune quod est primum. Quod sciendum est quomodo est et quomodo erit ; et quaedam principia sunt in rebus et quaedam extra res. Et similiter natura est principium et elementum etiam et cognitio et voluntas et substantia et illud propter quid." [Pauson 版 p. 89, n. 1]

18） Aristoteles, *Phys*., II, c. 11, 198a22（出・岩崎訳『自然学』第1巻70-71頁）. [Leo 版 p. 42]

Aristoteles, *Phys*., I, c. 6-7, 189b16, 191a14–23（出・岩崎訳『自然学』第1

巻29頁，36頁）et *Phys*., II, c. 3, 195a15 et c. 7, 198a14–22（出・岩崎訳『自然学』第2巻55-56頁，70頁）[Marietti 版 p. 124, n. 2]

　　Aristoteles, *Phys*., II, t. 32, 195a15–16 (Paris, Nat. lat. 15453, fol. 21vb) "Et istae causae quas diximus, omnes collocantur in quatuor modis qui sunt valde manifesti."

　　Aristoteles, *Phys*., II, t. 70–71, 198a22–24 (Paris, Nat. lat. 15453, fol. 24vb–25ra) "Apparet igitur quod causae quatuor sunt, et quod tot sunt. Et quia causae sunt quatuor oportet naturalem scire omnes et reducere ad illas omnes, et complere responsionem de eis secundum cursum naturalem, scilicet secundum materiam et formam et motorem et propter quid."

　　Aristoteles, *Phys*., I, t. 69, 191a17–21 (Paris, Nat. lat. 15453, fol.16vb) "Et iam apparuit ex dictis nunc differentia inter contraria, et quomodo se habent adinvicem principia, et quid est subiectum. Utrum vero forma sit substantia et subiectum nondum est declaratum, sed declaratum est quod principia sunt tria, et declaratus est modus super quem fundatur quis modus sit." [Pauson 版 p. 89, n. 2]

19)　Aristoteles, *Phys*., I, c. 13, 191a20（出・岩崎訳『自然学』第1巻36頁）.[Leo 版 p. 42]

　　Aristoteles, *Phys*., I, c. 7, 190b17 et 191a10（出・岩崎訳『自然学』第1巻34頁，36頁）[Marietti 版 p. 124, n. 3] et II, c. 3, 195a15–16 et c. 7, 198a14–24（出・岩崎訳『自然学』第2巻55-56頁，70頁）

20)　Aristoteles *Phys*., I, c. III, t. 57–70, 189b27–191a21（出・岩崎訳『自然学』第1巻30-36頁）[Pauson 版 p. 90, n. 1]

21)　Aristoteles, *Metaph*., XII, c. 4, 1070b22–30（出訳『形而上学』第11巻409-410頁）；Averroes, *In XI (=XII) Metaph*., comm. 23. "causa dicitur de omnibus, principium autem de extrinsecis, elementum uero de intrinsecis." (fol. 145 rb4–5). Cf., Averroes, *In V Metaph*., comm. 4 (fol. 50 ra49–54). [Leo 版 p. 42, Marietti 版 p. 124, n. 4]

　　Aristoteles, *Metaph*., XI, t. 24, 1070b22–26 (Paris, Nat. lat. 15453, fol 345ra) "Et quia causae non tantum sunt in eis quae fiunt, sed ea quae sunt extrinsecus, manifestum est quod principium et elementum diversa sunt. Quod autem movet aut sistit est quasi aliquod principium. Elementa igitur secundum aequalitatem comparationis, quae est secundum convenientiam, sunt tria, causae autem et principia sunt quatuor." [Pauson 版 p. 90, n. 2]

22)　こうした表現は，13世紀の思想界において広く用いられたものの一つで

ある。ヘールズのアレクサンデルによれば，この表現はアリストテレスに淵源するらしい。Alexander de Hales, *Glossa in I Sent.*, d. 5, n. 5 "Ratio autem quare Magistri hanc raro concedunt 'Pater est causa Filii', haec est : ut dicit Philosophus, <causa est cuius esse sequitur aliud>." (ed. Quaracchi 1951, p. 83). [Leo 版 p. 43]；*S.T.*, I, Pars I, Inq. I, tract. 5, sect. 2, q. 1 (ed. Quaracchi , p. 268).

また，ボナヴェントゥラやアルベルトゥスの著作中にもこれに類似した表現が見出される。Bonaventura, *In I Sent.*, d. 5, dub. 3 ; Albertus Magnus, *In I Sent.*, d. 35, a. 2, solutio. "Praeterea, causa est ad cuius esse sequitur aliud : ergo necesse est causatum sequi." (Lugduni : Claudii Prost, 1651) こうした表現は，中世に流布した『幸運についての書（Liber de bona fortuna）』―アリストテレスの『エウデモス倫理学』を抜粋したもの―にしばしば帰されるが，その中にはこの種の表現は見あたらないようである。

23) Aristoteles, *Metaph.*, V, c. 4, 1014a26-27（出訳『形而上学』第5巻137頁）；Scoto interpret. (ed., text. 4). [Leo 版 p. 43, Marietti 版 p. 124, n. 1']

Aristoteles, *Metaph.*, V, c. 4, 1014a26-27 (Paris, Nat. lat. 15453, fol. 292vb) "Elementum dicitur illud ex quo componitur res primo, et est in eo, et non dividitur secundum formam in aliam formam." [Pauson 版 p. 92, n. 1]

24) Aristoteles, *Gener. et Corru*. I, c. 10, 327b22-31（戸塚訳『生成消滅論』第1巻297-298頁）Cf., Veterem transl. "neque corrumpuntur neque alterum neque ambo, saluatur enim uirtus eorum." (cod. Brugge, Sem. 102-125, fol.243 va). [Leo 版 p. 43, Marietti 版 p. 124, n. 2']

"The thirteenth century codex, Wien Nat. lat. 2318, contains both translations of *De Gener. et Corr*. (327b30) to which St. Thomas could have referred : 1) that of Gerard of Cremona from the Arabic, fol. 126vb : ‹Non ergo utraque sunt substantia actu sicut corpus et albedo, nec corrumpuntur neque unum utrumque neque utraque. Quod est quia virtus utrorumque est fixa› ; 2) the more widely used translation from the Greek, fol. 126va : ‹Neque manent igitur actu ut corpus et album, neque corrumpuntur neque alterum neque ambo ; salvatur enim virtus eorum.› St. Thomas unquestionably made use of the latter of these two in his subsequent work, *De Mixtione Elementorum* (ed. Perrier, p. 22, 5) : ‹Sic igitur virtutes formarum substantialium simplicium corporum in corporibus mixtis salvantur. Sunt igitur formae elementorum in corporibus mixtis non quidem actu, sed virtute ; et hoc est quod dicit ARISTOTELES in primo *de Gener*. : Non manent igitur elementa im mixto actu ut corpus et album, nec corrumpuntur nec alterum nec ambo

原典関連註　　　　　　　　　　　　　69

: salvatur enim virtus eorum. ›" [Pauson 版 p. 92, n. 2]

25)　Aristoteles, *Metaph*., V, c. 3, 1014a31（出訳『形而上学』第 5 巻138頁）

26)　Aristoteles, *Metaph*., I, c. 9, 993a3–8 et *Metaph*., V, c. 3, 1014a32–33（出訳『形而上学』第 1 巻49頁，第 5 巻138頁）

27)　Averroes, *In V Metaph*., comm. 4 (fol. 50 ra47–54) [Leo 版 p. 43, Marietti 版 p. 125, n. 2]

　　　Averroes, *Metaph*., V, t. 4, (Paris, Nat. lat. 15453, fol. 292vb = Venetiis 1552, fol. 50ra, ll. 47–54) "Vult distinguere secundum quot modos dicitur elementum, quoniam ista nomina sunt propinqua synonimis et communibus appropriatis. Elementum enim non dicitur de causis extrinsecis, et dicitur de intrinsecis, et dignius de materia. Principium autem est dignius dici de causis extrinsecis, et causa est maior principio in hoc. Principium etiam est quasi universalius causa, cum dicatur principium de principiis transmutationis et de quatuor causis." [Pauson 版 p. 93, n. 1]

28)　以下，ll. 1-43 までの議論についてはアリストテレスとアヴィセンナの次の著作を参照。Aristoteles, *Phys*., II, c. 5, 195a4–14（出・岩崎訳『自然学』第 2 巻55-56頁）；*Metaph*., V, c. 2, 1013b4–15（出訳『形而上学』第 5 巻134頁）；Avicenna, *Sufficientia*, I, c. 11 (fol. 19v)；Avicenna, *Metaph*., VI. c. 5 (ff. 93–94v) [Leo 版 p. 43]

29)　Aristoteles, *Phys*., II, c. 3, 195a11（出・岩崎訳『自然学』第 2 巻55頁）[Marietti 版 p. 125, n. 3]

30)　ここで出された魂と身体の例は §4, ll. 37–43 の「形相と質料」の関係をめぐる議論へと続いている。

31)　目的を諸原因の原因として考える立場は，既に総長フィリップスの『善についての大全』の中に見出される。Philipus Cancellarius, *Summa de bono*, "Bonum sumitur a causa causarum, scilicet finali." (cod. Paris B.N. lat. 15749, fol. 2 vb). [Leo 版 p. 44]

32)　Aristoteles, *Phys*., II. c. 5, 195a8–11（出・岩崎訳『自然学』第 2 巻55頁）[Leo 版 p. 44]

　　　Aristoteles, *Phys*., II, c. 2, 194a12, 194b8（出・岩崎訳『自然学』第 2 巻51頁，53頁）；Cfr. c. 3, 195a18（出・岩崎訳『自然学』第 2 巻56頁）[Marietti 版 p. 125, n. 1']

　　　Aristoteles, *Phys*., II, 195a8–11 (Paris, Nat. lat. 15453, fol. 21vb, t. 31) "Et sunt aliqua quae sunt causae sibi adinvicem, v.g. quoniam labor est causa bonae consistentiae corporis et bona consistentia est causa laboris. Sed non eodem modo. Bona enim existentia corporis est causa sucundum finem, labor autem secundum quod est principium motus." [Pauson 版 p. 95, n. 1]

St. Thomas follows Averroes in interpreting this passage to refer also to material and formal causes. – Averroes, *In II Phys*. (Venetiis 1550, *Phys*., II, t. 30, fol. 29 ra, 27–35) "Causae etiam se habent adinvicem, ita quod utraque duarum causarum in specie diversarum est causa reliquae, sed duobus modis diversis, v.g. quoniam labor est causa sanitatis secundum agens, sanitas autem est causa laboris secundum finem ; et similiter materia est causa formae secundum hoc quod forma non potest inveniri nisi per illam, forma autem est causa materiae secundum hoc quod materia non potest esse in actu et demonstrata nisi per formam, et praecipue prima materia." [Pauson 版 p. 95, n. 1]

33) Aristoteles, *De Gen. anim*., II, c. 6, 742a19–22（島崎訳『動物発生論』180頁）: Scoto interpr. "primum…dicitur multipliciter…unum illorum est primum secundum generationem et alterum primum secundum substantiam." (cod. Escorial f. III. 22, fol. 82 vb). [Marietti 版 p. 125, n. 2', Leo 版 p. 44]

Aristoteles, *De Animal*., XVI, 742a19–22 (Wien, Nat. lat. 2412. fol. 64vb) "Et non declaraverunt secundum quot modos dicitur primum et quid erit ante aliud. Et dicitur multipliciter, quoniam id quod est propter illud et quod est propter hoc diversantur ; et unum illorum est primum secundum generationem et alterum primum secundum substantiam" [Pauson 版 p. 95, n. 2]

34) Aristoteles, *Metaph*., V, c. 3, 1014a31（出訳『形而上学』第 5 巻138頁）

35) Aristoteles, *Metaph*., V, c. 12 et IX, c. 8（出訳『形而上学』第 5 巻161-165頁, 308-314頁）. (Leo 版 p. 44)

36) Aristoteles, *Phys*., II, c. 15, 199b34（出・岩崎訳『自然学』第 2 巻78頁）[Leo 版 p. 44]; Boethius, *De Consolatione Philosophiae*, V, c. 6, ll. 103–106. "Duae sunt etenim necessitates, simplex una, ueluti quod necesse est omnes homines esse mortales, altera condicionis, ut si aliquem ambulare scias, eum ambulare necesse est."（畠中訳233頁, 小林訳256−257頁, 渡辺訳432頁）

37) 以下, ll. 95-113 までの議論についてはアリストテレスとアヴェロエスの次の著作を参照。Aristoteles, *Phys*., II, c. 11, 198a24–27（出・岩崎訳『自然学』第 2 巻70-71頁）; Averroes, *In II Phys*., comm. 70. [Leo 版 p. 44]

38) Averroes, *In II Phys*., comm. 32 (super Aristoteles, 195a29–31). [Leo 版 p. 45]

39) "St. Thomas here perpetuates the Arab–Latin mistranslation of the Aristotelian

原典関連註 71

ὁ τεχνίτης (195a 31) as *ars* instead of *artifex*. This changes the example somewhat, but not the principle involved. In the translation from the Arabic (t.33, Paris, Nat. Lat. 15453, fol. 22ra), the text of Aristotle reads : <v. g. quoniam causa sanitatis est medicus, et causa eius est ars>. On the same folio the commentary of Averroes is : <v. g. in causis agentibus medicus et ars. Et medicus enim est posterior, ars autem est prior.> St. Thomas in his subsequent commentary on the same text (*In Physic.* II, lect.6, 2), restores the example to its original Aristotelian sense : <ut sanitatis causa est medicus ut causa propria et posterior, artifex autem ut communior et prior ; et hoc in specie causae efficientis.>" [Pauson 版 p. 98]

40) Aristoteles, *Phys.*, II, c. 6, 195b21–25（出・岩崎訳『自然学』第 2 巻58-59頁）. [Leo 版. 45]

41) Averroes, *In V Metaph.*, comm. 3. (ed. Ruggero Ponzalli. [Berna : Edizioni Franche, 1971] p. 78, ll. 175–184) "et in causis quae sunt per accidens invenitur etiam causa propinqua et remota, sicut in causis quae sunt essentialiter. V. g. album et musicum sunt causae idoli per accidens, sed remotae ; et Policletus et homo sunt causae per accidens, sed propinquiores illis quae sunt essentialiter. Homo enim secundum quod est homo non est artifex idolorum, quoniam tunc omnis homo esset artifex idolorum, sed secundum quod habet artem idolificandi. Sed tamen iste modus propinquior est modo essentiali quam ille modus praedictus, scilicet de musico et albo. Musicus enim et albus nihil faciunt in idolo, homo autem et Policletus faciunt idolum, sed accidentaliter."

42) 以下，ll. 29–68 までの議論についてはアリストテレスの次の著作を参照。Cf., Aristoteles, *Phys.*, II, c. 6, 195a32–b21（出・岩崎訳『自然学』第 2 巻56-58頁）; *Metaph.*, V, c. 3, 1013b34–1014a25（出訳『形而上学』第 5 巻135-137頁）. [Leo 版 p. 45]

43) Averroes, *In V Metaph.*, comm. 3. (ed. Ruggero Ponzalli. [Berna : Edizioni Franche, 1971] p. 77, l. 162–p. 78, l. 173) "et etiam causarum quaedam sunt causae essentialiter et quaedam accidentaliter. V. g. quod causa idoli essentialiter est artifex idolorum, et accidentaliter Policletus, cui accidit quod fuit artifex idolorum. Deinde dicit : *Et similiter alio modo etiam illud quod continet accidens*, etc., idest : quoniam illud cui attribuitur aliquid per accidens quandoque collocatur sub eo quod est essentialiter, et quandoque continet ipsum. V. g. quod illud quod collocatur sub eo quod est essentialiter est Policletus qui facit idola ; qui igitur facit idola essentialiter est artifex idolorum, et iste collocatur sub artifice simpliciter. Et ideo

cum attribuitur ei actio idoli erit per accidens. Illud autem quod continet illud quod est essentialiter est sicut homo artifex idoli, scilicet quod cum actio idoli attribuitur homini est per accidens, et magis si attribuitur animali."

44) Averroes, *In V Metaph.*, comm. 3. (ed. Ruggero Ponzalli. [Berna : Edizioni Franche, 1971] p. 79, ll. 197–201) "et istarum causarum quaedam dicuntur secundum compositionem et quaedam simpliciter. V. g. ut non dicatur quod Policletus tantum faciens idolum neque artifex idolorum, sed dicatur quod Policletus artifex fecit idolum. Hoc enim componitur ex essentiali et accidentali."

45) Avicenna, *Sufficientia*, I, c. 12 (fol. 20 B). [Leo 版 p. 46, Marietti 版 p. 127, n. 1]

Avicenna, *Phys.*, II, c. 8 (Paris, Nat. lat. 6443, fol. 51ra = Venetiis 1508, *Suffic.* I, c. 12, fol. 20ra, B) "Sed simplex est cum opus provenit tantum ex una virtute, ut attrahere et expellere a virtutibus corporalibus. Sed compositum est cuius opus provenit ex multis virtutibus quae sint una in specie, ut multi homines cum movent navem, aut diversae in specie, sicut fames quae fit ex virtute activa et sentiente." [Pauson 版 p. 100, n. 1]

46) Averroes, *In V Metaph.*, comm. 3. (ed. Ruggero Ponzalli. [Berna : Edizioni Franche, 1971] p. 78, l. 185–p. 79, l. 188) "Et etiam causarum quaedam sunt actu et quaedam potentia. Potenia autem est sicut aedificator rei aedificandae, in actu vero est sicut aedificator dum aedificat."

47)「普遍的原因（causa universalis）」という語については，アヴェロエスの『自然学註解』の次の箇所を参照。Averroes, *In II Phys.*, comm. 38. [Leo 版 p. 46]；Aristoteles, *Metaph.*, XI, c. 5, 1071a20（出訳『形而上学』第12巻411頁）

48) 以下，ll. 5–18 までの議論については，アリストテレスの次の著作を参照。Aristoteles, *Metaph.*, V, c. 8, 1016b31–1017a2（出訳『形而上学』第5巻149–150頁）．[Leo 版 p. 46]

49) 以下，ll. 19–62 までの議論については，アヴェロエスの次の著作を参照。Averroes, *In IV Metaph.*, comm. 2. [Leo 版 p. 46] また，Aristoteles, *Categoriae*, c. 1, 1a1–15（山本訳『カテゴリー論』3頁）も参照。

50) ここに挙げられた「犬は吠えるものと星座について言われる」という例は，ボエティウスやアヴェロエスの著作中にも見出される。Boethius, *De divisione liber*, p.8, ll.16–22. "Vocis autem in significationes propria diuisio fit quotiens una uox multa significans aperitur et eius pluralitas significationis ostenditur, ut cum dico 'canis' quod est nomen et hunc quadrupedem latrantemque designat et

caelestem qui ad Orionis pedem morbidum micat ; est quoque alius, marinus canis, qui in immoderatam corporis magnitudinem crescens caeruleus appellatur." : Averroes, *In IV Metaph*., comm. 2. [Leo 版 p. 46]

51) Aristoteles, *Metaph*., IV, c. 16, 1012a22（出訳『形而上学』第 4 巻128頁）. [Marietti 版 p. 127, n. 1', Leo 版 p. 46]

　　Aristoteles, *Metaph*., IV. t. 28, 1012a 22-23 (Paris, Nat. lat. 15453, fol. 290vb) "Et definitio est illa quae significat rem necessarie. Ratio enim quam nomen significat est definitio." [Pauson 版 p. 103, n. 1]

52) Aristoteles, *Metaph*., IV, c. 2, 1003a33-b1（出訳『形而上学』第 4 巻92頁）

53) 以下，ll. 63-83 までの議論についてはアリストテレスとアヴェロエスの次の著作を参照。Aristoteles, *Metaph*., XII, c. 4, 1071a18-29（出訳『形而上学』第12巻411-412頁）; Averroes, *In XII Metaph*., comm. 27 et 28. [Leo 版 p. 47]

54) Boethius, *De Trinitate*, I, p. 6, ll. 18-23. "Idem vero dicitur tribus modis : aut genere ut idem homo quod equus, quia his idem genus ut animal ; vel specie ut idem Cato quod Cicero, quia eadem species ut homo ; vel numero ut Tullius et Cicero, quia unus est numero."（長倉訳，145頁，坂口訳，178頁）

訳 者 註

a）ここで「形相が〈あること〉を質料に与える」と言われる場合にあって，形相は「あること」が与えられるものに対して外在的な位置にあるわけではない。つまり，この場合の形相は「あること」の作出因として理解されるべきものではない。むしろ，形相は「あること」が与えられる事物の本質的部分として，当の事物の内に内在している。それゆえ，この場合の「あること」を与えるとは，事物に内在しているところの形相が，その個物をそのもので「ある」ように規定しているという意味である。換言すれば，ここでの形相は，その事物の「あること」のあり方を決定する規定性（certitudo）の役割を果たしているものとして理解することが出来る。『有と本質について』第1章（高桑訳13-14頁，プリオット・日下訳35-36頁，須藤訳74-75頁）；[Dewan] pp.178–180；[Wippel 2000] pp.199–202；[長倉2005] 25-36頁；[山田] 320頁，註1。

また，こうした表現は最終的にはアリストテレスに淵源するものであるが，当時の神学者の多くは，これを新プラトン主義の枠組みの中で思惟していた。例えば，この表現のボナヴェントゥラの理解に関しては，[長倉1977] を参照。

b）これはギリシア語のὕληの音訳語である。この原語ὕληは，元々は森の樹木，家や船を作るための材木などの意味するものであったが，後に事物を構成する為の素材や材料などの意で用いられるようになった。トマスは，自身の著作の中で，度々この語を「第一質料」（materia prima）と言い換えている。『生成消滅論註解』第1巻第10講（Marietti 81）；『命題集註解』第2巻第17区分第1問題第1項。

c）この場合の第一質料とは，或る類に属するものすべてに共通な質料という意味である。液体という類に属するものはいかなるものであれ，水に由来すると言われる。『形而上学註解』第5巻第21講（Marietti 1085）

d）「はたらきかけるもの」はoperansの訳語である。訳文では，operansやagensといった語に対して，「はたらくもの」，「作用者」，「行為者」，「はたらきかけるもの」などと，その文脈に応じて異なった訳語を与えた。

e）アリストテレス（B.C.384–B.C.322）は，ギリシアのスタゲイラで生まれた。17歳の頃，アテナイに赴いて，プラトンの主宰する学園アカデメイアで

学んだ。プラトンの死に至るまでの約20年間その地に留まったが，その死後，各地を遍歴した。40歳の頃，マケドニア王フィリップスから当時13歳の息子アレクサンドロスの家庭教師となることを依頼された。王子が即位し家庭教師としての任を解かれた後は，アテナイに戻り，同市でリュケイオンと呼ばれる学園を主宰した。彼の著作は，元々は500巻以上あったとされるが，現在残っているのはその内の約三分の一である。現存のものであっても，その著作は，論理学・生物学・形而上学・倫理学など様々な領域に及び，中世に絶大な影響を与えた。中世において，「哲学者」（Philosophus）と大文字で記されるときには，一般にアリストテレスのことを指している。

f) ラテン世界でアヴィセンナ（Avicenna）と呼ばれたイブン・シーナ（995-1036）は，中央アジアのブハラ地方のアフシャナという村で生まれた。幼少にして哲学を学び，また医学も修めた。後に政治の世界に巻き込まれて，波瀾に富む生涯を送った。医師・政治家・哲学者としての顔をもつ彼は，実に160以上の著作を残したとされる。主著に，哲学に関して三つの作品，すなわち『（無知の）治癒の書』，『（魂の）救済の書』，『指示と覚知の書』がある。第一の書は，学問の四部門（論理学・数学・自然学・形而上学）すべてを扱っており，第二の書は，その要約である。第三の書は，自身の哲学の精髄を生き生きと表現している。また，医学に関する彼の『医学典範』は，17世紀に至るまで西欧の大学の教科書として用いられた。

アヴィセンナの思想と彼に関する基本的文献は，[Burrell] がある。また，トマスに関するアヴィセンナの影響を纏めた興味深い研究として，[Wippel 2007] を参照。

g) リラから発達した古代ギリシアの弦楽器の一つ。胴体部分に対して垂直に立てた二本の腕木を横木で結び，横木と胴体部分の間に数本の弦を張り巡らせたもの。

h) 熟練したキタラ弾きは，楽器が発する音色の一つ一つに熟慮する必要はない。というのも，彼の頭の内には音色や音階が曲の終わりに至るまですでに決まった形で存在しているからである。それゆえ，キタラをかきならす際，彼はもはや意志的にではなく自然本性的にその行為に携わっているとさえ言える。そうした場合にあっては，彼は，意志的作用者のように，曲全体の演奏という目的を改めて熟慮する必要はないのである。[Bobik] pp. 36-39; [McEvoy] pp. 98-101.

i) これは現今のアリストテレス全集では『形而上学』第12巻に当たる。この小作品を著すにあたって，トマスが用いたとされる『形而上学』は，ミカエ

ル・スコトゥスによってアラビア語からラテン語へと翻訳されたものであるが，これは『形而上学』第11巻のテクストを欠くものであった。そのため，本来ならば第12巻に位置するはずのテクストが第11巻とされているのである。トマスがここで第11巻からの引用とするのには，こうした翻訳を巡る歴史的な背景がある。[Pauson] p. 67 ; [Doig] pp. 3–22.

j) 以上に見出されるように，原理（principium）と原因（causa）とは，共に内在的なもの（質料と形相）と外在的なもの（作用者と目的）の双方を意味表示することからして，両者は時に置換的に用いられる場合がある。しかし，狭義の用法からすれば，両者はその語の指し示す対象を異にする。すなわち，結果が生じるか生じないかに関わらず，そこから (a) 運動があるところの最初のものがすべて「原理」（principium）と言われるのに対し，「原因」（causa）はそこから (ex) 結果が生じるところのものについてのみ言われるのである。例えば，或る物体が黒から白へと変化するという場合，「黒」は原理と言われるものの，原因と言うことは出来ない。というのも，この場合，「黒」はその変化の起点として考えられるが，より後なる結果の生成に関わるわけではないからである。つまり，黒は生成変化の「はじまり」（principium）でしかないのである。その意味で，黒は原因とは考えられない。[Bobik] pp. 43–46.

k) ここで言われている元素（elementum）とは，アリストテレスがエンペドクレスやプラトンといった先達から受け継いだ τὰ στοιχεῖα のことである。すなわち，アリストテレスによれば，月下の世界の事物はすべて四種類の元素（地・空気・水・火）によって構成されている。その意味で，元素は物体の最小の構成単位である。そして，元素はそれぞれに固有な自然本性を持っているとされる。例えば，或る物体が重かったり軽かったりするのは，その物体を構成している元素の性格に由来する。火は絶対的に軽く，地は絶対的に重い。空気や水はその両者の中間に位置するとされる。アリストテレス『生成消滅論』第2巻第3章（戸塚訳，310-313頁）。また，こうした中世の自然学に関する詳しい説明として，[Grant] の研究を参照。

l) ラテン名でアヴェロエス（Averroes）と呼ばれるイブン・ルシュド（1126-1198）は，スペインのコルドバで生まれた人物であり，医者・法学者・哲学者として，多彩な方面にその能力を発揮した。後にカリフの侍医となり，アリストテレス研究に従事した。

　彼の名前は，とりわけアリストテレス哲学の偉大な「註解者」（Commentator）として広く西欧世界でも知られている。アヴェロエスは，アリストテレ

スを自然が最高の人間的完全性を示さんがために生み出した者として尊敬し，従来の新プラトン主義的解釈を排し，純粋なアリストテレス説を回復しようとした。彼の主著は，アリストテレスに対する膨大な註釈群と彼自身の著書とに分けられる。彼のアリストテレス註釈には，三種類のものが存在する。すなわち，原典の要約である小註解，原典の言い換えや簡単な説明を含む中註解，そして，テクストに対して逐語的な分析を施した大註解がそれである。彼自身の著作には，『自滅の自滅』や『宗教と哲学の一致』がある。アヴェロエスの思想と彼に関する基本的な文献については，[Taylor]が有益である。

　また，アヴェロエスの著作とその思想は西欧世界に移入され，パリ大学の学芸学部を中心に多くの信奉者を生み出した。いわゆるラテン・アヴェロエス主義者と呼ばれるグループがそれである。すなわち，彼らは，アヴェロエスに基づいて，万人に共通な知性の存在や世界の永遠性といった主張を展開したとされる。この方面に関する明快かつ詳細な研究として，[Hayoun et De Libera]；[川添1999]を参照。

m)　この箇所は，本来『動物発生論』第2巻第6章からの引用である。トマスがここで『動物論』(De animalibus)第16巻としているのは，中世において，アリストテレスの動物を主題とした著作が『動物論』(De animalibus)という表題で一つの著作に纏められた経緯に由来する。すなわち，12世紀から13世紀にかけて活躍した翻訳家であるミカエル・スコトゥスは，1220年ごろ，アリストテレスの動物に関する三つの主だった著作をアラビア語からラテン語へと翻訳した。すなわち，その第1巻から第10巻までが『動物誌』(Historia animalium)に相当し，第11巻から第14巻までが『動物部分論』(De partibus animalium)に相当する。そして，第15巻から第19巻までが『動物発生論』(De generaione animalium)に当たる。

n)　トマスによれば，「必然性」(necessitas)は主に二つに分けられる。そして，そのそれぞれに「絶対的な必然性」(necessitas absoluta)と「条件的な必然性」(necessitas conditionalis)という名称が割り当てられている。すなわち，その内の第一のものは，当の事物に生来的に内在している質料や形相に基づく必然性である。例えば，人間における「死」や「笑い得る」という性格のように。第二のものは，当の事物にとって外在的な目的や作用者に基づくものである。例えば，食物は人間が生きるという目的のために必然的なものであるとか，或る作用者によって何らかの行為を強制される，とかいう場合である。このように，四原因のいずれもが当の事物に対して必然性を課すことが出来

る。『命題集註解』第3巻第20区分第1問題第1項；『神学大全』第1部第82問題第1項（大鹿訳，210-213頁）；『自然学註解』第2巻第15講（Marietti 270-274）。

o) 人間は人間を生み，オリーブはオリーブを生むとされる。すなわち，この場合，父親としての人間が作出因であり，母親の月経血が質料因である。そして，それらを通じて，父親と同じ種に属する他の人間，すなわち子供（目的）が生まれる。このように，作出因（父親）と目的（子供）とはその形相（人間）において種的に同一である。この意味で，作出因・形相因・目的因という三つの原因は一つのものとされる。

p) トマスは，自然的事物の生成の在り方を大きく二つに分けている。すなわち，「同名同義的な生み」（generatio univoca）と「同名同義ならざる生み」（generatio non univoca）の二つである。前者は，人が人を生みオリーブがオリーブを生むという場合のように，「生むもの」と「生まれたもの」との種的本性が同一である場合である。この場合にあって，我々は「生むもの」と「生まれたもの」とを同じ名称で呼ぶことが出来る。他方，後者は太陽によって蛙や蛇が腐敗から生まれるという場合のように，両者の種的本性が同一ではない場合である。そして，この場合には，我々は「生むもの」と「生まれたもの」とを同じ名称で呼ぶことは出来ない。というのも，太陽によって生じたものは太陽ではないからである。しかし，この場合の生成の在り方は，完全に「同名異義的」（aequivocum）であるとも言い難い。実際，太陽によって月下の世界に生じるものはすべて「物体」という共通項で纏めることが可能である。それゆえ，その限りにおいて太陽も自身と似たものを生んでいると言えるのである。『神学大全』第1部第4問題第3項（高田訳，第1巻86-90頁，山田訳，186-191頁）。

q) 以下での議論の対象となっているアナロギアは，いわゆる「帰属のアナロギア」と呼ばれるものである。例えば，「健康的」という言葉は，尿や薬，動物の身体について言われるが，その意味は異なっている。すなわち，尿については健康の徴として，薬については健康の原因として，身体については健康の基体として言われるのである。しかし，これらの意味するところはすべて健康という一つの目的に帰属することが可能である。後代のトミストらによれば，トマスのアナロギアは「帰属のアナロギア」，「比例のアナロギア」，「不等性のアナロギア」の三つに区別される。例えば，『命題集註解』第1巻第19区分第5問題第2項；『定期討論集　真理論』第2問題第11項；『対異教徒大全』第1巻第34章（酒井訳，157-159頁）；『神学大全』第1部第13問

題第5項（高田訳，276-281頁）の箇所を参照。また，この第6章におけるアナロギアの分析については，[Klubertanz] pp.38-46；[Montagnes] pp.19-62の研究がある。

r) アナロギアの問題を巡るここでのトマスの用語法に関して，Klubertanzは，トマス後期の著作である『形而上学註解』第4巻第1講との間に，或る類似性を見出している。[Klubertanz] p. 42, n.10. "The parallel is so close in doctrine, phrasing, and examples employed that St. Thomas may well have based this section of his *Commentary on the Metaphysics* on his earlier treatment of the same problem in the *De principiis naturae*, especially if he had originally consulted Aristotle's *Metaphysics* at the time he wrote the *De principiis*. This supposition would explain the close paralles existing between *Metaphysics* (1003 a32-b18), the text of St. Thomas in the *Prin. Nat.* (3.1), and St. Thomas' own later commentary *Metaphys*, Book IV, lectio.1.

If this is true, the substitution of *referuntur* and *respectus* in the later passage for the *attributio* language of the earlier treatment appears deliberate and of some significance. Where did St. Thomas find the *attributio* terminology in the first place? It does not appear in the early Latin version of Aristotle as far as we can tell; but it is found in Averroes' *Commentary* on the fourth and seventh books of the *Metaphysics*. See *Aristotelis opera omnia cum Averrois Cordubensis commentariis* (Venice : Juntas, 1573-1575), Vol.8, Book 4, text 2 (fol.65r), text 4 (fol.69r), text6 (fol.71v), and Book 7, text 15 (fol.165rb) (and perhaps as a result of this word in the *Commentary* the Renaissance version of Aristotle's text printed in italics in the same volume inserts the words *attribuitur*, fol. 64vb). This commentary was almost certainly available to St. Thomas in 1255 or when he wrote the *De principiis naturae* ; Mandonnet thinks that a Latin translation of this commentary was probably present in Paris before 1215. See P. Mandonnet, O.P., *Siger de Brabant et l'Averroïsme latin au treizième siècle*, second edition, première partie, pp. 13, 14, 16 (Louvain : Institut Supérieur de Philosophie, 1911)

These facts are enough to suggest the conclusion that St. Thomas used not only Aristotle's *Metaphysics* (1003a 32-b18) in writing the early passage of the *De principiis naturae* but Averroes' *Commentary* as well. Why was the *attributio* terminology abandoned in the writing of the later passage ? It is possible that there is no significance ; It is also possible that St. Thomas by then realized the extrinsicist connotations of the attribution terminology, and that these connotations were not desirable in expressing Aristotelian *pros hen* equivocity in the context of a Christian philosophy."；［Montagnes］p. 32, n. 16.

s) アナロギア（analogia）はギリシア語からの音訳語であり，トマスはここでそれを比（proportio）というラテン語に置き換えている。こうした用語の置換は，トマスの他の著作においても見られる。例えば，『命題集註解』第3巻第1区分第1問題第1項；『神学大全』第1部第13問題第5項（高田訳，276-281頁）；『形而上学註解』第3巻第10講（Marietti 465）を参照。とはいえ，アナロギアはトマスにあって比という数量の領域に限定される語ではなく，それを超えた範疇相互の関係を表すためにも用いられる，彼独自の概念であると言える。［Klubertanz］pp.46-48；［井澤］40-42頁。

t) ここでの高齢の女性（vetula）の例は，医者のような技術を持たずに，それまでに培った経験に基づいて治療行為を行う者の喩えとして提示されている。［Bobik］pp. 95-96.

u) 古代ローマの政治家・哲学者として有名なキケロの本名は，マルクス・トゥリウス・キケロ（B.C106-B.C43）である。ここでは数的に同一なもの（idem in numero）の具体例として提示されている。実際，当の人物を「キケロ」と呼んだとしても，また「トゥリウス」と呼んだとしても，それらの名称によって指し示されるのは同一の人物である。

　　　　　　あ と が き

　本作品は，長倉久子先生の下で，2004年から４年間に亘り南山大学大学院での演習を通じて翻訳が進められてきたものである。しかし，その完成を間近にして，先生は今年１月11日に御帰天された。

　本作品の翻訳作業は，主に週に一度の演習の折に行われた。まず，私が下訳を準備し，授業中にそれを批判的に検討しつつ，最終的に先生が正しい訳を提示する，というような形式であった。週をまたいで一つの文を検討なさることもしばしばであった。とりわけ，先生は本作品の冒頭の一文に対して深いこだわりを持っておられたように思う。
　本書では「或るものはあるのではないが，あることが可能であり，他方で，或るものはある，ということに注目しなさい」（Nota quod quoddam potest esse licet non sit, quoddam vero est.）と訳されている一文である。
　それは，ちょうどまだ翻訳を始めたばかりの演習の折のことであった。私が，準備していった冒頭の箇所の訳文をラテン語と共に読み上げると，先生は私の訳したものがトマスの意図と異なるものであるとお感じになられたのか，
　「少しちがいますね。」
と穏やかなお声でおっしゃられ，私に何度かその一文を訳しなおさせた後で，
　「最初のこの一文にトマスの思想が凝縮されています。これを取り損なうと，トマスの存在論全体を誤って理解することに繋がりますよ。」
とおっしゃられた。
　そこから，４年間に亘る翻訳作業が始まったのである。その間，幾度かの中断があったものの，翻訳は夏期休暇や冬期休暇の間も断続的に行われた。
　本書の制作中，私の心中に去来していたのは先生のお言葉であった。先生

は，この作品がトマスを初めて読む人のための入門書となることを，そして，トマスという一つの真理が世に明らかになることを真摯に望んでおられた。この小作品の出版によって，そうした先生の願いが叶えられることになれば私にとってもこれに勝る喜びはない。もとより，翻訳や解説に誤りや独断があることを恐れ，諸賢の御批判や御教示によって，それを訂正できることを期待している。

　昨年の4月に膵臓癌であることが発覚して以来，先生は自分の体が次第にその管理を離れていく現実を，必死にそして真正面から受け止められていた。放射線治療の副作用によって，左半身に麻痺が残るかもしれない，と宣告されたときの先生のお気持ちはいかばかりであったろうか。突然，足に力が入らなくなり，立ち上がることさえ困難になられたとき，先生は何を思われたのだろうか。

　そのときの心情は察して余りある。「これ（病気）も神様からの賜物ですよ」と先生が或るときもらされた言葉は今でも私の胸に残っている。私は，先生が病気の進行を平静に受け止められていたなどと言うことは決してできない。それは当に壮絶な魂の葛藤だったであろう。

　しかし，先生は最後まで愛の人であった，信仰の人であった。神様から日々送られる御恵みに感謝しない日はなかった。入院を余儀なくされてからの約一年間，その周りには常に先生を慕う人がいた。

　最後には，手も足もすっかり細くなられた。それは先生が最後まで生き抜かれた証拠であろう。9か月に及ぶ闘病生活であった。ご家族の方の温かいご配慮から，臨終に立ち会う機会を与えていただいた。その折，先生は何か楽しい夢でもご覧になっていたのだろうか。時折，頬を弛緩させ，微笑まれているようであった。そして，その微笑を絶やさないまま，先生は旅立たれた。

　さて，この度一冊の書として，上梓するにあたって多くの方々にお世話になった。中でも，辻井喜久雄氏と石橋平氏に感謝申し上げる。両氏は南山大学大学院聴講生として，翻訳当初から演習にお付き合いくださり，有益なご

あとがき

指摘を幾つも頂いた．また，校正その他に寛大な協力を惜しまれなかった長倉禮子氏に篤く御礼申し上げたい．氏は，同時に先生の姉として，常に病床にあって妹をいたわり，励まし続けておられた．そして，内外の数多くの先生方と，常に温かに励ましを送り続けて下さった先輩諸氏や友人にもこの機会に感謝申し上げたい．ご病気になられてからの9か月を通じて，筆者は長倉先生を慕う数多くの方々に出会う機会に恵まれた．この小作品の出版によっていささかなりともご恩返しができれば大変幸いに思う．

そして，最後になったが，お忙しい中であるにも拘わらず，度々先生の病室にまで足を運んでくださり，的確な助言によって本書を完成・出版にまで導いてくださった知泉書館の小山光夫氏に深い感謝の気持ちを表したい．

〈出会い〉とは本当に不思議なものである．およそカトリックとは無縁であった私が，先生と共に過ごした8年に互る学究の日々を通じて，トマスを研究し，昨年のクリスマスには洗礼まで受けることになった．先生との〈出会い〉の賜物に心からの感謝を捧げたい．

2008年1月

トマス・アクィナスの祝日に

松 村 良 祐

文 献 表

1．校 訂 本

Pasuon 版　St. Thomas Aquinas, *De Principiis Naturae*. Introduction and Critical Text by J. J. Pauson. (Textus Philosophici Friburgensis, 2), (Switzerland: Société Philosophique, 1950)

Marietti 版　*Opuscula philosophica*, cura et studio P. Fr. Raymundi, M. Spiazzi O. P., De principiis naturae. (Turin–Rome: Marietti, 1954) pp. 119–128.

Leo 版　*Opera omnia iussu Leonis X III P. M. edita, vol. 43*, De principiis naturae, (Rome: Commissio Leonina, 1976) pp. 1–47.

1-1．Pauson 版に対する書評，および Pauson 自身の補記

［Moore］P. S. Moore, "Review," *Speculum*. (27) 1952, pp. 203–204. (Pasuson の整理した写本の概略)

［Pauson］J. J. Pauson, "Postscripts and Addenda to 'De Principiis Naturae,'" *Modern Schoolmen*. (29) 1952, pp. 307–310.

2．近 代 語 訳

［Armogathe et Azouci et al.］J.–R. Armogathe et F. Azouci et al., "Opuscule XXX, Des principes de la nature," in *Opuscules de saint Thomas D'Aquin*. (Paris: J. Vrin, 1984) 2nd ed. pp. 594–612.

［Bobik］J. Bobik, *Aquinas on Matter and Form and Elementus: A Translation and Interpretation of the De Principiis Naturae and the De Mixtione Elementorum of St. Thomas Aquinas*. (Nortre Dame: Nortre Dame UP, 1998) pp. 1–100.

［Gardeil］H. D. Gardeil, *Introduction to the Philosophy of St. Thomas Aquinas, II Cosmology*, tr. by J. A. Otto. (St. Louis: B. Herder Book, 1958) pp. 163–164, 166–185.

［Goodwin］R. P. Goodwin, *Selected Writings of St. Thomas Aquinas*. *(Library of Liberal Arts)*, (N. Y.: Macmillan, 1965) pp. 3–28.

［Heinzmann］R. Heinzmann, *Die Prinzipien der Wirklichkeit*. (Stuttgart: W. Kohlhammer, 1999)

［Kocourek］R. A. Kocourek, "The Principles of Nature," in *An Introduction to the Philosophy of Nature*. (St. Paul: North Central, 1948) pp. 4–19.

［Madiran］J. Madiran, *Les principes de la Realite Naturelle* (Paris : Nouvelles Editions Latines, 1963)

[McDermott] T. McDermott, *Thomas Aquinas Selected Philosophical Writings*. (Oxford : Oxford UP, 1993) pp. 67-80.

[McInerny] R. McInerny, *Thomas Aquinas Selected Writings*. (London: Penguin Books, 1998) pp. 18-30.

［荒井］荒井洋一「トマス・アクィナス『自然の諸原理について』――修道士シルヴェステルのために」,『東京学芸大学紀要 2部門』(38) 1987年, 1-13頁。

［服部］服部英次郎「付録1 自然の原理について」,『世界の大思想－トマス・アクィナス－社会・宗教・科学思想篇 28』(河出書房新社, 1965年) 所収, 270-283頁。

参照はできなかったが,現在までに出版されたものとして以下のものがある。以下の近代語訳は主に Pauson 版 p. 51に拠った。

[Bourke] V. J. Bourke, "On the Principles of Nature," in *The Pocket Aquinas*. (N. Y.: Washington Square Press Books, 1960) pp. 61-77.

[Clark] M. T. Clark, "On the Principles of Nature," in *An Aquinas Reader*. (N. Y.: Image Books, 1972) pp. 163-177.

[Connally] J. J. Connally, *The Principles of Nature*. (Washington D. C.: Catholic Univ. of America, 1936) unpublished M. A. thesis.

[Conway] P. H. Conway, *The Principles of Nature*. (Columbus, O. H.: College of St. Mary of the Spring, 1963)

[Henle and Bourke] R. J. Henle and V. J. Bourke, *De principiis naturae*. (St. Louis: St. Louis UP, 1947)

[Kane] L. V. Kane, *De Principiis Naturae, A Translation*. (St. Louis: St. Louis UP, 1941) unpublished M. A. thesis.

[Kelley and Pauson] R. J. Kelley, and J. J. Pauson, *De Principiis Naturae, Text, Translation and Notes*. (Spokane: Gonzaga University, 1946) mimeographed.

[Nardi] B. Nardi, *Opusculi*, I. (Bari: Laterza, 1915-1917)

[Védrine et Bandel] J. Védrine et M. Bandel, *Opuscules de saint Thomas d'Aquin*, *III*. (Paris: Vivès, 1857) pp. 594-612.

3．本作品に関する研究文献
(既出文献は除く)

[Klima] G. Klima, "Thomas Aquinas on the Principles of Nature," (in Hangarian) *MFS* (1) 1987, pp. 41-80.

[McEvoy] J. McEvoy, "Finis est causa causarum: le primat de la cause finale chez S. Thomas," in J. Follon (éd.), *Finalité et Intentionnalité : Doctrine Thomiste et perspectives modernes*. (Paris: J. Vrin, 1992) pp. 93-111.

［Montagnes］B. Montagnes, *La doctrine de l'analogie de l'être d'après Saint Thomas d'Aquin*. (Paris: Béatrice-Nauwelaerts, 1963).
［Pasnau and Shields］R. Pasnau and C. Shields, *The Philosophy of Aquinas*. (Boulder, Colo.: Westview Press, 2004),（特に C. 2. Aquinas's Explanatory Framework: The Four Causes, pp. 21-46参照。パスナウはここでトマスの自然学における基本概念を主にこの小作品と『自然学註解』の二つのテクストを中心に説明している）
［Ruello］F. Ruello, "La signification du mot <nature> dans le *<De principiis naturae>* de saint Thomas d'Aquin," *RFNS*. (66) 1974, pp. 613-625.
［田口］田口啓子「S. Thomae Aquinatis Opuscula Philosophica の研究－1－ De Principiis Naturae ad Fr. Sylvestrum」,『清泉女子大学紀要』(23) 1975年, 23-34頁。(本作品に見られる第一質料の概念規定)
［長倉 2004］長倉久子「生成する自然の究極的根拠を求めて——エッセと日本語 (2-1)」,『アカデミア 人文・社会科学編』(79) 2004年, 35-63頁。
［長倉 2005］――――,「自然の形而上学的分析から言語の分析へ——エッセと日本語 (2-2)」,『アカデミア 人文・社会科学編』(81) 2005年, 1-38頁。
［長倉 2006］――――,「具体性のエッセンティアに向かって——エッセと日本語 (3-1)」,『アカデミア 人文・社会科学編』(82) 2006年, 45-88頁。

4．本作品の成立年代に関する研究

［Bourke］V. J. Bourke, *Aquinas's Search for Wisdom*. (Milwaukee: The Bruce Publishing House, 1965) pp. 73-76.（バークは『有と本質について』とこの小作品が共に1256年以前に書かれたとしている。また，彼によれば，『有と本質について』はこの小作品よりも前に書かれたようである）
［Dondaine］H. Dndaine, "Préface," in *Opera omnia iussu Leonis XIII P. M. edita, vol. 43*. (Rome: Commissio Leonina, 1976) pp. 5-33.（ドンデーンはこの作品をトマスの学生時代の作品として考えているようである）
［Eschmann］I. Eschmann, "Catalogue of St. Thomas' Works," in E. Gilson, *The Christian Philosophy of St. Thomas Aquinas*, tr. by I. T. Shook (N. Y.: Random House, 1956) pp. 381-439.（エッシュマンはこの小作品を『有と本質について』と同じ1252-56年の間の作品としている）
［Gardeil］H. D. Gardeil, *Introduction to the Philosophy of St. Thomas Aquinas, II Cosmology*, tr. by J. A. Otto. (St. Louis: B. Herder Book, 1958) pp. 163-164.（ガルディエはこの小作品の成立年代をトマスが教鞭を執り始めた1254年頃の作品であるとしている）
［Mandonnet］P. Mandonnet, "Chronologie summaire de la vie et des écrits de saint Thomas," *RSPT*. (9) 1920, pp. 142-152.（マンドネはこの小作品の成立年代を1255年に,『有と本質について』を1256年においている）

[McDermott] T. McDermott, *Thomas Aquinas, Selected Philosophical Writings.* (Oxford: Oxford UP, 1998) p. 67. （マクダーモットはこの小作品の成立年代を1250年代前半においている）

[Pauson] J. J. Pauson, "Date of Composition," in *Saint Thomas Aquinas, De Principiis Naturae.* (Fribourg: Société Philosophique, 1950) pp. 69-70. （ポーソンはこの小作品の成立年代を1252-1254年の間においている）

[Roland-Gosselin] M.-D. Roland-Gosselin, *Le "De Ente et Essentia" de S. Thomae d'Aquin.* (Paris: J. Vrin, 1948) $2^{nd\,ed}$. （初版は1926年）pp. 26-30. （ローラン・ゴスランはこの小作品の成立年代をトマスが教授資格を取得する以前の作品だとし，『有と本質について』よりも前においている）

[Torrell] J.-P. Torrell, *Saint Thomas Aquinas, vol. 1*, tr. by R. Royal. (Washington, D.C.: Catholic Univ. of America Press, 1993) pp. 47-50, p. 349. （トレルはこの小作品の成立年代をトマスがサン・ジャック修道院にいた1252-56年の作品か，或いはそれ以前の学生時代の作品であろうとしている）

[Van Steenberghen] F. Van Steenberghen, *Aristotle in the West*, tr. by L. Johnston. (Louvain: Nauwelaerts Publishing House, 1970) $2^{nd\,ed}$, p. 181. （ファン・ステーンベルゲンはこの小作品と『有と本質について』を共に1256年頃の作品として見ている）

[Weisheipl] J. A. Weisheipl, *Friar Thomas D'Aquino.* (Oxford: Blackwell, 1975) pp. 77-79, p. 387. （ワイスハイプルはこの小作品の成立年代を1252-56年の間においている）

5．参考文献

以下の文献は註や解説中で直接引用したものだけでなく，それらを作成する上で参考になったものをも含まれている。また，既出文献は除いた

一次文献

Aegidius Romanus, *Theoremata de esse et essentia.* Texte précéde d'une introduction historique et critique par E. Hocedez. (Louvain: Museum Lessianum, 1930)

Albertus Magnus, *Beati Alberti Magni Opera. Commentarium in I lib. Sententiarum*, t. 14. (Lugduni: Claudius Prost., 1615)

Alexander de Hales, *Summa Theologica.* (Quaracchi: Collegium S. Bonaventurae, 1924-48)

―――, *Glossa in quattuor libros Sententiarum.* (Quaracchi: Collegium S. Bonaventurae, 1951-1957)

Aristoteles, *Aristotelis Opera*, ex recensione Immanuelis Bekkeri, edidit Academia regia borussica. (Berolini: de Gruyter, 1987)

出隆監修・山本光雄編『アリストテレス全集』（岩波書店，1968-88年）
Avicebron, *Fons Vitae*, ed. C. Bäumker. Bd.I, Heft 2-4. (Munster: Aschendorff, 1895)
Avicenna, *Avicenne perhypatetici philosophi ac medicorum faile primi Opera*, Venice, 1508. Réimpression. (Louvain: Bibliotheque S. J., 1961)
―――, *Liber de Philosophia prima Sive scientia divina*, vol. 1-10, édition critique de la traduction médiévale par S. Van Riet, Introduction critiqe par G. Verbeke. (Leiden: E. J. Brill, 1977-80)
Averroes, *Commentarium magnum in Aristotelis De anima libros*, ed. by F. S. Crawford. (Cambridge, Mass: Medieval Academy of America, 1953)
―――, *Commentarium medium in Aristotelis De generatione et corrvptione libros*, ed. by F. H. Fobes. (Cambridge, Mass: Medieval Academy of America, 1956)
―――, *Averrois in Librum V (Δ) metaphysicorum Aristotelis commentarius*; edizione condotta su manoscritti scelti con introduzione, note ed uno studio storico-filosofico / R. Ponzalli. (Berna: Edizioni Franche, 1971)
Boethius, *Opera Omnia*, in J.-P. Migne (éd.), *Patrologia Latina* (*PL*) vol. 64. (Paris: Vives, 1891)
―――, *The Theological Tractates and the Consolation of Philosophy*, ed. and tr. by H. F. Steward and E. K. Rand. (Cambridge: Harvard UP, 1953)
坂口ふみ訳「三位一体論」，『中世思想原典集成 5　ラテン教父』（平凡社，1993年）所収，164-194頁。
長倉久子訳「三位一体論」，『神秘と学知　ボエティウス「三位一体論に寄せて」』（創文社，1996年）所収，143-158頁。
畠中尚志訳『哲学の慰め』（岩波文庫，1938年）
小林珍雄訳『哲学の慰め』（春秋社，1949年）
渡辺義雄訳「哲学の慰め」，『世界古典文学全集　26』（筑摩書房，1966年）所収，351-433頁。
―――, *De divisione*, ed. by J. Magee. (Leiden: Brill, 1998)
Bonaventura, *Bonaventurae doctoris seraphici Opera Omnia*, 10 vols. (and Index). (Quaracchi: Collegium S. Bonaventurae, 1882-1902)
Johannes de Siccavilla, *De principiis naturae*: text critique avec introductuon et tables, publié par R.-M. Giguère. (Paris: J. Vrin, 1956)
Johannes Peckham, *Quodlibeta quattuor*, ed. by G. Etzkorn and F. Delorme, Bibliotheca franciscana scholastica medii aevi, 25. (Rome: Grottaferrata, 1989)
Phillipus Cancellarius, *Summa de bono*, ed. by N. Wicki. (Bern: Francke, 1985)
Thomas Aquinas, *Opera omnia iussu Leonis XIII P. M. edita*. 50 vols. projected. (Rome: Commissio Leonina, 1888-.)

――――, *Summa theologicae*, ed. Leonina 4–12. (Rome: Commissio Leonina, 1888–1906)
高田三郎（他）訳『神学大全』（創文社，1960年－）
山田晶訳『世界の名著（続5）トマス・アクィナス』（中央公論社，1975年）
――――, *Summa Contra Gentiles*, ed. Leonina 13–15. (Rome: Commissio Leonina, 1918–1930)
酒井瞭吉訳『神在す　異教徒に与ふる大要，第一巻』（エンデルレ書店，1944年）
――――, *Compendium theologicae*, ed. Leonina 42. (Rome: Commissio Leonina, 1976) pp.83–205.
――――, *De ente et essentia*, ed. Leonina 43. (Rome: Commissio Leonina, 1976) pp.369–381.
高桑純夫訳『形而上學敍説　有と本質とに就て』（岩波文庫，1935年）
V.-M.プリオット・日下昭夫訳『中世哲学叢書Ⅰ　有と本質について』（聖トマス学院，1955年）
須藤和夫訳「存在者と本質について」，『中世思想原典集成14　トマス・アクィナス』（平凡社，1993年）所収，65-112頁。
――――, *De mixtione Elementorum, ad magistrum Philippum de Castro Caeli*, ed. Leonina 43. (Rome: Commissio Leonina, 1976) pp. 115–157.
――――, *Sententia libri De anima*, ed. Leonina 45–1. (Rome: Commissio Leonina, 1984)
――――, *Quaestiones de quolibet*, ed. Leonina 25. (Rome: Commissio Leonina, 1996)
――――, *De potentia Dei, De anima, De malo, De spiritualibus creaturis, Quaestiones disputatae*, ed. R. Spiazzi et al. (Turin–Rome: Marietti, 1949)
――――, *Expositio in duodecim libros Metaphysicorum Aristotelis*, ed. M.-R. Cathala and R. Spiazzi. (Turin–Rome: Marietti, 1950)
有働勤吉・中山浩二郎訳「形而上学註解」，『中世思想原典集成14』（平凡社，1993年）所収，338-502頁。
――――, *De veritate, Quaestiones disputatae*, ed. R. Spiazzi et al. (Turin–Rome: Marietti, 1964)
――――, *Expositio in octo libros Physicorum Aristotelis*, ed. P. M. Maggiolo. (Turin–Rome: Marietti, 1965)
――――, *In Aristotelis Libros De Caelo et Mundo, De Generatione et Corruptione, Meteorologicorum expositio*. (Turin–Rome: Marietti, 1965)
――――, *Sancti Thomas Aquinatis Scriptum Super Libros Sententiarum Magistri Petri Lombardi Episcopi Parisiensis*, ed. R. Mandonnet and M. Moos. (Paris: Léthielleux, 1947)

Thomas de Eboraco, "Sapientilae," in *Liber virginti quattuor philosophorum*, cura et studio F. Hudry. (Turnholti: Brepols, 1997) pp.87–96.

二次文献

［Ashworth］ E. J. Ashworth, "Analogy and Equivocation in Thirteenth-Century Logic: Aquinas in Context," *MS*. (54) 1992, pp. 93–113.

［Blanchette］ O. Blanchette, *The Perfection of the Universe According to Aquinas*. (University Park, Pennsylvania: Pennsylvania State UP, 1992)

［Burrell］ D. B. Burrell, "Avicenna," in J. J. E. Gracia and T. B. Noon, *A Companion to Philosophy in the Middle Ages*. (Oxford: Blackwell, 2002) pp. 196–208.

［Chenu］ M.-D. Chenu, *Nature, man, and society in the twelfth century: essays on new theological perspectives in the Latin West*. tr. by J. Taylor. (Chicago: Chicago UP, 1968)

［Hayoun et De Libera］ M.-R. Hayoun et A. De Libera, *Averroes et l'averroisme*. (Paris: Presses Univeritaires de France, 1991)

［Dewan］ L. Dewan, "St. Thomas, Metaphysical Procedure, and the Formal Cause," *NS*. (63) 1989, pp. 173–182.

［Dod］ B. D. Dod, "Aristoteles Latinus," in N. Kretzmann (ed.), *The Cambidge History of Later Medieval Philosophy*. (Cambridge: Cambridge UP, 1982) pp. 45–79.

［Doig］ J. C. Doig, *Aquinas on Metaphysics: a historico-doctrinal study of the Commentary on the Metaphysics*. (Martinus Nijihoff: The Hague, 1972)

［Elders］ L. Elders, *The Philosophy of Nature of St. Thomas Aquinas*. (N.Y.: Peter Lang, 1997)

［Garin］ P. Garin, *Le probléme de la causalité et Saint Thomas d'Aquin*. (Paris: Beauchesne, 1958)

［Gilson］ É. Gilson, "Pourquoi saint Thomas a critiqué saint Augustin," *AHDLMA*. (1) 1926–1927, pp. 5–127.

［Grabmann］ M. Grabmann, *Die Werke des hl. Thomas von Aquin*. (Münster i. W.: Aschendorff, 1931)

［Grant］ E. Grant, *The Foundations of Modern Science in the Middle Ages*. (Cambridge: Cambridge UP, 1996), 小林剛訳『中世における科学の基礎づけ』（知泉書館、2007年）

［Goichon］ M.-A. Goichon (éd.), *La philosophie d'Avicenne et son influence en Europe médiévale*. (Paris: Adrien-Maisonneuve, 1951)

［Klubertanz］ G. P. Klubertanz, *St. Thomas Aquinas on Analogy*. (Chicago: Loyola UP, 1960)

［Le Goff］ J. Le Goff, "Le merveilleux scientifique au Moyen Age.," in J.-F. Bergier

(Hrsg.), *Zwischen Wahn, Glaube und Wissenschaft*. (Zürich: VDF, 1998) 池上俊一訳「中世の科学的驚異」,『中世の夢』(名古屋大学出版会, 1992年) 所収, 3-36頁。

[Maurer] A. Maurer, "Form and Essence in the Philosophy of St. Thomas Aquinas," *MS*. (13) 1951, pp. 165–176.

[McInerny] R. McInerny, *Boethius and Aquinas*. (Washington, D.C.: The Catholic Univ. of America Press, 1990)

[Murray] M. Murray, "Introduction," in *Giles of Rome' Theorems on existence and essence*. (Milwaukee: Marquette UP, 1973) pp. 1–24.

[Nicolas] M.-J. Nicolas, "L'idee de nature dans la pensee de saint Thomas d'Aquin," *RT*. (74) 1974, pp. 533–590.

[Pacheco] M. C. M. Pacheco, "Les transformations du concept de natura au 12 siècle," in J. Hamesse et C. Steel (éd.), *L'Élavoration du vocabulaire philosophique au moyen âge*. (Turnhout: Brepols, 2000) pp. 281–292.

[Puig] J. Puig, "The Transmission and Reception of Arabic Philosophy in Christian Spain," in C. E. Butterworth and B. A. Kessel (ed.), *The Introduction of Arabic Philosophy into Europe*. (N.Y.: E. J. Brill, 1994) pp. 7–30.

[Sertillange] A. D. Sertillanges, *Der Heilige Thomas von Aquin*. (Köln: Jakob Hegner, 1954), (特に C.4 Die Natur, pp. 329–407を参照)

[Speer] A. Speer, "The Discovery of Nature: The Contribution of the Chartrians to Twelfth-Century Attempts to Found a Scientia Naturalis," *Traditio*. (52) 1997, pp. 135–151.

[Taylor] R. C. Taylor, "Averroes," in J. J. E. Gracia and T. B. Noon, *A Companion to Philosophy in the Middle Ages*. (Oxford: Blackwell, 2002) pp. 182–195.

[Tierney] B. Tierney, "Natura, Id Est Deus: A Case of Juristic Pantheism 3," *Journal of the History of Ideas*. (24) 1963, pp. 307–322.

[Weishepl 1959] J. A. Weisheipl, *The Development of Physical Theory in the Middle Ages*. (N.Y.: Sheed and Ward, 1959)

[Weishepl 1984] ―――, "The concept of Nature: Avicenna and Aquinas," in V. B. Brezik (ed.), *The Thomistic Papers*, I. (Houston: Center for Thomistic Studies, 1984) pp. 65–81

[Wippel 2000] J. F. Wippel, "Thomas Aquinas on Creatures as Causes of Esse," *IPQ*. (40) 2000, pp. 197–213.

[Wippel 2007] ―――, "The Latin Avicenna as a Source for Thomas Aquinas's Metaphysics," in *Metaphysical Themes in Thomas Aquinas, II*. (Washington, D. C.: The Catholic Univ. of America Press, 2007) pp. 31–64.

[井澤] 井澤清「トマス・アクィナスにおけるアナロギア論とカエタヌス」,『中世思想研究』(40) 1998年, 37-54頁。

文 献 表

[伊東] 伊東俊太郎『12世紀ルネサンス』(講談社学術文庫, 2006年)
[川添 1999] 川添信介「〈職分〉としての哲学者：ラテン・アヴェロエス主義瞥見」,『哲学』(50) 1999年, 74-85頁.
[川添 2005] ―――,『水とワイン：西欧13世紀における哲学の諸概念』(京都大学学術出版会, 2005年)
[桑原] 桑原直己『トマス・アクィナスにおける「愛」と「正義」』(知泉書館, 2005年)
[児玉] 児玉善仁『イタリアの中世大学』(名古屋大学学術出版会, 2007年)
[土屋] 土屋睦廣「プラトンの系譜」, 中川純男・加藤雅人 (編)『中世哲学を学ぶ人たちのために』(世界思想社, 2005年) 所収, 214-228頁.
[長倉 1977] 長倉久子「ボナヴェントゥラの存在論に関する若干の考察」,『カトリック神学』(32) 1977年, 123-149頁
[長倉 1991] ―――,「ボナヴェントゥラの自然観」,『中世の自然観』(創文社, 1991年) 所収, 91-107頁.
[長倉 2004] ―――,「Essentia-Esse-Ens―エッセと日本語(1)」,『アカデミア』(78) 2004年, 93-128頁.
[野元] 野元晋「イブン・ルシュド」, 中川純男 (編)『哲学の歴史3 神との対話』(中央公論社, 2008年) 371-404頁.
[マイアー] T. マイアー「イブン・シーナー」, 中川純男 (編)『哲学の歴史3 神との対話』(中央公論社, 2008年) 344-370頁.
[山田] 山田晶「トマス・アクィナスにおける〈causa rerum〉について」,『哲学研究』(46) 1977年, 293-326頁.
[リーゼンフーバー 1995a] K. リーゼンフーバー「被造物としての自然――教父時代および中世における創造論」,『中世哲学の源流』(創文社, 1995年) 所収, 389-436頁.
[リーゼンフーバー 1995b] ―――,「トマス・アクィナスにおける自然理解」,『中世哲学の源流』(創文社, 1995年) 所収, 475-524頁.

人名・事項索引

ア　行

アヴィセンナ（Avicenna） …………………………………………………25, 49
アヴェロエス，註釈家（Averroes, Commentator） ……………………33
アナロギア（analogia） ………………………………………………55, 57, 59
アリストテレス，哲学者（Aristoteles, Philosophus） ……25, 27, 31, 39
あること，存在（esse） ……………………………………3, 5, 9, 15, 21, 29, 37
　　可能的にあること（esse potentia） …………………………………3
　　現実にあること（esse actu） …………………………………3, 21, 37
　　実体的なあること（esse substantiale） …………………………3, 5
　　付帯的なあること（esse accidentale） ……………………………3, 5
　　本質的なあること（esse essentiale） …………………………………3
あるもの，有（ens） ……………………………………………9, 45, 55, 59
意志的（voluntarium） …………………………………………………25
医者（medicus） ……………………………………………11, 35, 37, 47, 51
一致（convenientia） ……………………………………………55, 57, 59
一致する，一つになる（concidere） ……………………………11, 29, 43, 45
一致する，一つになる（incidere） ……………………………………43, 45
動かすもの（movens） …………………………………………………23
生まれる（generari） ……………………………………………7, 41, 43, 45
運動（motus） ……………………………………………………7, 23, 29
起こる，生じる，成ること（fieri） ……………………7, 9, 13, 15, 23, 37, 43

カ　行

概念（ratio） …………………………………………11, 15, 21, 45, 55, 57, 59
形，形姿（figura） ………………………………………………………9, 15
形のないもの，形が与えられていないもの（infiguratum） ……11, 15, 17, 21
可能態，可能性（potentia） ……………………3, 5, 9, 21, 23, 39, 45, 51, 59
完成体（complementum） ………………………………………………39
キケロ（Cicero） …………………………………………………………59
技術，人為（ars） ……………………………………………………9, 47, 57
帰属（attributio） …………………………………………………………57, 59
基体（subiectum） ……………………………………5, 11, 13, 15, 17, 57, 59
形姿（figura）　→形
形相（forma） ……5, 7, 9, 11, 13, 15, 17, 19, 21, 23, 27, 31, 35, 37, 39, 41, 43, 45, 47, 55, 59
　　実体的形相（forma substantialis） ……………………………5, 7, 9
　　付帯的形相，偶有的形相（forma accidentalis） ………………………7, 9

欠如（privatio）…………………………………9, 11, 13, 15, 17, 21, 23, 27, 29, 59
原因（causa）……………………27, 29, 31, 33, 35, 37, 39, 41, 43, 45, 47, 49, 51, 53, 57, 59
　外在的な原因（causa intrinseca）……………………………………………27
　可能態における原因（causa in potentia）…………………………………51
　形相因（causa formalis）……………………………………………………27, 47
　現実態における原因（causa in actu）………………………………………51
　個別的な原因（causa singularis）……………………………………………53
　作出因（causa efficiens）……………………………………………………27, 43, 47
　自体的な原因（causa per se）………………………………………………27, 29, 49
　質料因（causa materialis）…………………………………………………27, 31, 47
　第一原因（causa prima）……………………………………………………47
　単純な原因（causa simplex）…………………………………………………49
　近い原因（causa propinqua）…………………………………………………47
　遠い原因（causa remota）……………………………………………………47
　内在的な原因（causa extrinseca）……………………………………………27
　複合的な原因（causa composita）……………………………………………49, 51
　付帯的な原因（causa per accidens）………………………………………27, 29, 49
　普遍的な原因（causa universalis）……………………………………………53
　目的因（causa finalis）………………………………………………………27, 47
　より後なる原因（causa posterior）…………………………………………41, 47
　より先なる原因（causa prior）………………………………………………41, 47
原因から生じたもの（causatum）………………………………………………35, 39, 51
原因性（causalitas）………………………………………………………………37
健康（sanitas）……………………………………………………35, 37, 47, 51, 57
建築家（aedificator）………………………………………………………11, 49, 53
現実態（actus）………………………………………………7, 9, 21, 23, 39, 45, 51, 59
元素（elementum）………………………………………………………………27, 31, 33
原理，始まり（principium）………………………………11, 13, 15, 23, 27, 29, 33, 55, 59
行為者（agens）　→作用者

サ　行

作用者，行為者，働くもの（agens）…………………………………………25, 35, 43, 57
時間（tempus）……………………………………………………………………39
志向（intentio）……………………………………………………………25, 35, 43
自然，自然本性（natura）……………………………………………9, 11, 23, 39
自然的，自然本性的（naturale）………………………………………………25, 31
自体的（per se）……………………………………………………………11, 15, 27, 49
実体（substantia）………………………………………………………7, 39, 41, 47, 55, 59
質料（materia）………3, 5, 9, 11, 15, 17, 19, 21, 23, 27, 29, 31, 35, 37, 39, 41, 45, 49, 51, 55, 59
　第一質料（materia prima）……………………………………………………17, 19, 21
　ヒュレー（hyle）………………………………………………………………17

人名・事項索引

事物，実在するもの（res） ……………………………3, 11, 23, 27, 31, 39, 43, 49, 51
種（species） ………………………………………………………31, 43, 45, 55, 59
終極（terminus） …………………………………………………………………23, 43
述語する（praedicare） …………………………………………………………55, 57, 59
生じる（fieri）　→起こる
消滅（corruptio） …………………………………………………………7, 9, 19, 31
　　或る限られた意味での消滅（corruptio secundum quid） ……………………7
　　端的な消滅（corruptio simpliciter） ……………………………………………7
所有（habitus） ……………………………………………………………………13, 15
人為（ars）　→技術
身体（corpus）　→物体
数（numerum） …………………………………………………………19, 45, 55, 59
制作者（artifex） ……………………………………………………………………35
生成（generatio） ……………………………7, 9, 11, 13, 15, 19, 23, 29, 31, 39, 41, 43, 45
　　或る限られた意味での生成（generatio secundum quid） ……………………7
　　端的な生成（generatio simpliciter） ……………………………………………7
ソクラテス（Sortes） ………………………………………………………19, 55, 59
存在（esse）　→あること

タ・ナ　行

註釈家（Commentator）　→アヴェロエス
作り出すもの，働くもの（efficiens） ……………………23, 35, 37, 39, 41, 43, 45
定義（diffinitio） …………………………………………………………17, 47, 55, 57
哲学者（Philosophus）　→アリストテレス
同名異義的（aequivocum） …………………………………………………………55
同名同義的（univocum） ……………………………………………………………55
成ること（fieri）　→起こる
認識（cognitio） ……………………………………………………………………17, 25

ハ　行

始まり（principium）　→原理
働くもの（agens）　→作用者
働くもの（efficiens）　→作り出すもの
範疇（praedicamentum） ……………………………………………………………59
比較（comparatio） …………………………………………………………………17, 57
必然性（necessitas） …………………………………………………………………41
　　条件的必然性（necessitas conditionalis） ……………………………………41
　　絶対的必然性（necessitas absoluta） …………………………………………41
一つ（unum） ………………………………………………………………11, 19, 51, 57
一つになる（concidere）　→一致する

一つになる（incidere）→一致する
比例（proportio） ……………………………………………………57, 59
不一致（differentia） …………………………………………………55
複合体（compositum） ………………………………………15, 17, 19, 37
付帯性，付帯的なもの（accidens） …………………………………5, 11
物体，身体（corpus） ………………………………………31, 35, 49, 57, 59
プラトン（Plato） ……………………………………………………55, 59
変化（mutatio） ………………………………………………………6

マ〜ラ 行

名称（nomen） …………………………………………………………55, 57
目的（finis） ………………………………………25, 35, 37, 41, 43, 45, 57
有（ens）→あるもの
より後（posterius） ……………………………………………29, 39, 47, 59
より先（prius） …………………………………………………39, 47, 59
量（quantitas） …………………………………………………………31, 55, 59
類（genus） ………………………………………………7, 17, 35, 55, 59

出 典 索 引

アヴィセンナ
『治癒の書』（Sufficientia）
 第 2 巻 ……………………………………………………………………… 25, 49

アヴェロエス
『形而上学註解』（In Aristotelis Metaphysicam）
 第 5 巻 ……………………………………………………………………………… 33

アリストテレス
『形而上学』（Metaphysica）
 第 2 巻 ……………………………………………………………………………… 25
 第 4 巻 ……………………………………………………………………………… 57
 第 5 巻 …………………………………………………………………………… 27, 31
 第 11（12）巻 ……………………………………………………………………… 27
『自然学』（Physica）
 第 1 巻 ……………………………………………………………………………… 27
 第 2 巻 ……………………………………………………………………………… 27
『生成消滅論』（De generatione et corruptione）
 第 1 巻 ……………………………………………………………………………… 31
『動物論』（De animalibus）
 第 16 巻（『動物発生論』（De generatione animalium）第 2 巻） …………… 39

長倉　久子（ながくら・ひさこ）
1940年生まれ。京都大学文学部哲学科博士課程修了。南山大学教授。宗教学博士（ストラスブール大学），神学博士（同）。2008年1月逝去。
〔著訳書〕Un Dieu transcendant, Createur et Exemplaire, selon saint Bonaventure: Un essentialisme coherent（Strasboug, 1988）。『ボナヴェントゥラ　魂の神への道程』（創文社），『神秘と学知』（創文社），『恩寵の旅路』（知泉書館）
〔論文〕L'homme a l'image et a la resemblance de Dieu selon Saint Bonaventure,「事物の類似たるイデア――ボナヴェントゥラのイデア論における問題」「ボナヴェントゥラにおける創造の問題」「トマスの創造論――ボナヴェントゥラの創造論に対するトマスの批判」「トマスにおける実在と言葉」他。

松村　良祐（まつむら・りょうすけ）
1981年生まれ。南山大学大学院博士後期課程在学中。
〔論文〕「トマス・アクィナスにおける神と自然的世界」「トマス・アクィナスにおける恩寵論の一側面――魂における恩寵と徳の関係をめぐって――」他。

〔自然の諸原理について〕　　　　ISBN978-4-86285-027-0
2008年2月25日　第1刷印刷
2008年2月29日　第1刷発行

訳註者　長倉久子
　　　　松村良祐

発行者　小山光夫

印刷者　藤原愛子

発行所　〒113-0033　東京都文京区本郷1-13-2
　　　　電話（3814）6161　振替00120-6-117570
　　　　http://www.chisen.co.jp
　　　　株式会社 知泉書館

Printed in Japan　　　　印刷・製本／藤原印刷